BAND 354

Club Taschenbuch

AF178539

Die österreichische Kinderbibliothek

Michael Köhlmeier

Das Sonntagskind

Märchen und Sagen aus Österreich

mit Illustrationen
von Monika Maslowska

OBELISK VERLAG

Redaktion der ClubTaschenbuchreihe:
Inge Auböck

Umschlaggestaltung: Carola Holland

Lektorat: Inge Auböck

Neue Rechtschreibung

© 2020 Taschenbuchausgabe by Obelisk Verlag, Innsbruck – Wien

© 2019 Obelisk Verlag, Innsbruck – Wien

© 2012 Obelisk Verlag, Innsbruck – Wien

Lizenzausgabe mit Genehmigung des Paul Zsolnay Verlages
© Deuticke im Paul Zsolnay Verlag Wien 2011

Druck und Bindung: Finidr, s.r.o., Český Těšín, Tschechien

ISBN 978-3-85197-974-9

Inhalt

Der liebe Augustin

Es gibt Menschen, die sind reich, es gibt Menschen, die sind schön, es gibt Menschen, die sind klug. Andere können gut Schifahren oder Weitspringen oder Kopfrechnen oder Geld verdienen oder Reden halten. Und dann gibt es Menschen, die sind weder klug noch schön, weder reich noch erfolgreich, aber sie haben Charme. Charme ist ein

Mysterium. Oder sie haben Charisma. Charisma ist ein Mysterium. Und dann gibt es Menschen, die sind weder reich, noch klug, noch schön, noch können sie irgendetwas, und sie haben keinen Charme und auch kein Charisma. Für sie erscheint das Leben als enger Kreis, den es abzugehen gilt, als wäre man im Innenhof zu einem Gefängnis.

Vor vielen, vielen, vielen, vielen Jahren lebte ein Mann in Wien, der hieß Augustin. Und er gehörte zu denen, die gar nichts haben, weder Geld noch Talent, weder Charme noch Charisma. Er brachte sein Leben einfach hinter sich. Er verdiente sein Münzen damit, dass er auf dem Dudelsack spielte und dazu sang, aber er konnte nicht besonders gut Dudelsack spielen, und singen konnte er auch nicht besonders gut, und er hatte nicht die Kraft, es besser zu lernen. Er lebte außerhalb der Stadt bei einem barmherzigen Bauern. Der hatte ihm einen Winkel in der Scheune überlassen, dort verbrachte er seine Nächte, dort schlief er meistens bis Mittag, weil er doch sehr spät in der Nacht erst nach Hause kam. Und am Abend ging er in die

Stadt, zog von Gasthaus zu Gasthaus, sang und spielte und bekam dafür Münzen oder wurde zu einem Glas Wein eingeladen. Damit er aufhört zu singen und zu spielen, denn er sang wirklich nicht besonders gut, und spielen konnte er auch nicht besonders gut.

Aber dann war plötzlich alles anders. Es war das Jahr 1679, und die Pest war da. Die Pest war von Ungarn nach Wien gekommen, und sie raffte die Menschen dahin. Das ging, wie wenn ein Kind Grasbüschel ausreißt. So muss man sich raffen vorstellen. Die Menschen starben auf der Straße, die Menschen starben in ihren Wohnungen. Mancher bildete sich ein, die Hand des Todes zu sehen. Und neben den Hauseingängen lagen die Toten. Und es gab Männer, die fuhren mit Karren durch die Stadt und sammelten die Toten ein und brachten sie vor die Stadt, fuhren durch das Burgtor, vor dem Burgtor waren Gruben ausgehoben, Pestgruben. Dort hinein warf man die Toten, und wenn eine Grube halb voll war, streute man ungelöschten Kalk über die Leichen und dann Erde. Und man hob eine neue Pestgrube aus. Und es wurden viele Pestgruben ausgehoben, weil viele starben.

Das Jahr der Pest war für den Augustin ein glückliches Jahr. Wie das? Ja, es war das glücklichste Jahr in seinem Leben, und eigentlich verdankte er dieses Glück einem einzigen, winzig kleinen Einfall. Er, der immer wieder Lieder komponiert hat, sich die Texte dazu selbst ausgedacht hat, ihm ist nie etwas Zackiges, Deftiges eingefallen, kein Mensch hat über seine Scherze gelacht oder war gerührt, nicht einmal empört. Es war alles zu holprig, zu plump, witzlos und entweder zu lang oder zu kurz. Aber dann ist ihm ein Vers eingefallen:

Lustig gelebt und lustig gestorben
ist dem Tod die Rechnung verdorben.

Zu einer anderen Zeit wäre dieser Refrain sicher nicht so gut angekommen, was ist schon dran. Aber die Pest war da. Und da wollte man so etwas gerne hören. Da hat man gern einen Sänger gehört, der von Lustigkeit sang. Und sei es nur, damit das Wort nicht vergessen würde.

Und plötzlich war der Augustin gern gesehen, in allen Gasthäusern war er gern gesehen. Und er sagte zu den Leuten: „Wer bin ich für euch?"

Und sie antworteten „Du bist der Augustin."

„Na, bin ich nicht mehr für euch? Ich bring euch doch zum Lachen. Ihr hört doch gerne, wenn ich meinen Refrain singe: Lustig gelebt und lustig gestorben ist dem Tod die Rechnung verdorben."

„Ja, das hören wir gern", sagten sie. „Du bist unser Augustin. Unser Augustin."

„Bin ich nicht mehr als nur euer Augustin? Dann geh ich ins nächste Wirtshaus, dort bin ich mehr."

„Was bist du denn dort?"

„Dort bin ich der liebe Augustin."

„Oh ja", riefen die Gäste, „du bist unser lieber Augustin." Das wollte er hören.

Und er sagte zu ihnen: „Nennt mich von nun an nur noch der liebe Augustin."

Und sie versprachen ihm das.

Er zog durch die Gasthäuser und sang und spielte, und er bekam Wein, und er bekam Münzen. Münzen bekam er so viel wie Wein, ein Becher Münzen, ein Becher Wein. Was sollte man mit Geld noch anfangen, wenn draußen der Tod so wütet. Und Wein gab es mehr als genug, denn die Hälfte der Zecher war ja bereits gestorben.

Und immer: das letzte Gasthaus, das er in der Nacht besuchte, war das Gasthaus am Fleischmarkt. Und dort saß er eines Nachts wieder und sang und spielte auf dem Dudelsack und trank und spielte auf dem Dudelsack und trank und trank und sang und trank – und seine Freunde tranken mit ihm und hörten sein Lied und warteten auf den Refrain: Lustig gelebt und lustig gestorben ist dem Tod die Rechnung verdorben. Und bald hatten sie so viel getrunken, dass sie das Gasthaus nicht mehr verlassen wollten und auch nicht mehr konnten. Und sie fielen auf die Tische und auf den Boden und schliefen ein, wie sie waren, verzweifelt, glücklich, besoffen.

Und dann in der Nacht kamen die Männer mit den Pestkarren. Eigenartig, normalerweise um diese Zeit ist doch ein Lärm in diesem Gasthaus, heute ist es ganz still. Und sie schauten einander an, und dann betraten sie das Gasthaus. Und da lagen die Zecher am Boden, lagen über den Tischen. Und sie rüttelten die Männer an den Schultern, aber die Verzweifelten, Glücklichen, Besoffenen, die rührten sich nicht mehr. Und da schauten die Männer einander an, die mit dem Pestkarren gekommen waren, und sie hoben die Toten auf, trugen sie hinaus, luden sie auf den Karren. Und da erkannten sie den einen, der den Dudelsack unter dem Arm geklemmt hielt, den schmächtigen Mann mit dem grauen Gesicht. Ja, sie kannten ihn.

„Ach", sagten sie, „auch unser lieber Augustin ist hin. Auch ihn hat die Pest erwischt."

Und sie legten ihn zuoberst auf den Karren. Und sie zogen den Karren durch das Burgtor hinaus und kippten die traurige Fracht in die Grube.

Aber der Augustin, der war nicht tot, der hatte nur einen Rausch. Und so lag er über den Toten und schlief seinen Rausch aus.

Am Morgen erwachte er, blinzelte, öffnete erst ein Auge und dachte sich: Warum sehe ich das Fenster der Scheune nicht? Normalerweise sehe ich doch das Fenster der Scheune, wo draußen der Himmel ist. Und ich kann sehen, ob schönes Wetter oder schlechtes Wetter ist. Warum sehe ich das nicht?

Dann öffnete er das zweite Auge, blickte sich um und sah, er lag in der Pestgrube unter lauter Toten. Und da fing er an zu kreischen und zu schreien. Und das nicht zu spät. Denn gerade waren wieder die Männer mit den Karren gekommen, die wollten gerade ihre Ladung in die Pestgrube kippen, dann wären die Toten über den Augustin gefallen, und hätte er noch geschlafen, es hätte ihn nie mehr jemand gefunden.

Die Männer halfen dem Augustin aus der Grube und fragten: „Was ist denn mit dir los?"

Der Augustin, der ist vielleicht nicht klug, aber er ist doch schlau, und als jemand, der überall zu kurz gekommen ist, hat er gelernt, misstrauisch zu sein und erst zu denken und dann zu reden und am besten nicht die Wahrheit zu sagen. Er dachte sich: Wenn ich erzähle, was war, ist mein Ruhm dahin.

Also sagte er: „Ja, stellt euch vor, stellt euch vor! Natürlich, auch mich wollte der Tod holen. Ich habe in seine Augenlöcher geschaut Aber ich bin ihm entkommen."

„Dich wollte der Tod holen, und du bist ihm

entkommen." „Sag ich doch. Ich hab mit dem Tod gesprochen." „Gesprochen?" „Verhandelt. Wir haben verhandelt. Wie zwei Geschäftsleute. Ist das so schwer zu verstehen?"

Die Männer sagten: „Wir begegnen dem Tod jeden Tag, aber nicht ihm persönlich, sondern dem, was er uns übrig lässt. Wie sieht er denn aus, der Tod? Beschreib ihn uns, lieber Augustin"

„Ja, wie sieht er aus? Er sieht … ja, mittelgroß, so wie ich ungefähr halt, und dünn sieht er aus, so wie ich ungefähr."

„Und?", bohrten sie weiter, „hat er eine Sense in der Hand?" „Nein", antwortete der liebe Augustin, „Sense hat er keine in der Hand. Er hat … er hat … er hat eine Geige in der Hand."

„Eine Geige? Was macht der Tod denn mit der Geige? Damit kann er ja niemanden erschlagen."

„Er hat es mir erklärt", sagt der liebe Augustin. „Wenn er zu spielen anfängt, dann fallen die Menschen um. So macht er das. So hat er es mir erklärt." „Ach, so macht er das! Interessant. So macht er das also. Und wie bist du ihm entkommen?"

„Ja, stellt euch vor, stellt euch vor: Er marschierte durch das Wirtshaus und hat gespielt, und ich hab gesehen, wie die Männer umgefallen sind, und er dreht sich um und kommt auf mich zu und hat den Geigenbogen angesetzt, da hab ich schnell zu ihm gesagt: Halt, Tod, halt! Schau mich an! Ich bin auch ein Musikant, ein Musikant wie du, ich spiele den Dudelsack. Hast du nicht Lust auf ein Duett? Und stellt euch vor, stellt euch vor, der Tod hat gesagt: Musikant? Dudelsack? Ja, warum nicht? Immer allein zu spielen ist langweilig. Und so haben wir im Duett gespielt. Und als wir so miteinander gespielt haben, habe ich gemerkt, der Tod, der möchte nur in Moll spielen. Und dann ist mir eine Idee gekommen. Ich habe gesagt: Tod, du bist gut auf der Geige, sehr gut, wollen wir beide, weil wir jetzt so schön zusammen gespielt haben, nicht ein Geschäft machen? Ein Geschäft willst du mit mir machen, sagte der Tod. Ja, sage ich, ein Geschäft. Du spielst mir ein Lied auf der Geige vor. Wenn ich es auf dem Dudelsack nach-spielen kann, gut. Wenn ich es nicht nachspielen kann, dann kannst du mich holen. Dann spiel ich dir ein Lied auf meinem Dudelsack vor. Wenn du es nachspielen kannst, gut, dann werde ich mit dir gehen. Aber wenn du es nicht nachspielen kannst, dann lässt du mich noch eine Weile leben. So habe ich mit dem Tod gesprochen. Und der Tod war einverstanden."

Erzählt der liebe Augustin. Und erzählt weiter:

„Zunächst hat er gespielt. Ich habe ihm den Vortritt gelassen. Er hat ein Lied in Moll gespielt, ein einfaches Lied, a-Moll, d-Moll, e-Moll, ganz einfach. Ich meine, der Tod hat ja nicht viel Gelegenheit etwas Neues zu üben, in dieser Zeit, meine ich. Und was braucht er mehr als eine einzige Melodie. Muss ja nicht jeder seine eigene Melodie haben. Es war für mich kinderleicht, seine Melodie nachzuspielen. Und dann war ich dran. Ich habe eine Melodie gespielt, ihr kennt ja die Melodien, die ich immer spiele, und habe dazu gesungen: Lustig gelebt und lustig gestorben, ist dem Tod die Rechnung verdorben. Aber! Jetzt kommt's! Ich habe mein Lied in Dur gespielt! In Dur, nicht in Moll. Und das, liebe Freunde, das konnte er nicht. Der Tod kennt nur Moll. Das ist die Wahrheit. Und da konnte er mich nicht mitnehmen, denn er hat es mir ja versprochen, der Tod ist ein ehrlicher Mensch, obwohl er genauso genommen gar kein Mensch ist. Ich habe zu ihm gesagt: Hol mich ein andermal, wenn du weniger zu tun hast. Dann bring ich dir bei, wie man in Dur spielt. Und er war einverstanden. Hat sich sogar bei mir bedankt. Stellt euch vor, stellt euch vor."

Die Geschichte machte die Runde, und bald war der liebe Augustin der Held der Stadt. Und schließlich zog die Pest weiter, wenige in Wien waren übrig geblieben. Aber die behaupteten, der Tod habe Wien verlassen aus einem einzigen Grund, nämlich: Er wollte nicht riskieren, sich noch einmal zu blamieren.

„Ja", sagten sie, „unser lieber Augustin hat den Tod blamiert. Das muss ihm erst einer nachmachen. Wie es in seinem Lied heißt: Lustig gelebt und lustig gestorben, ist dem Tod die Rechnung verdorben. Unser lieber Augustin hat dem Tod die Rechnung verdorben."

In Wien, wo sonst, erzählt man so … oder ganz anders … oder so ähnlich

Der Wagnerloisl

Auf der Burg Altaist in Oberösterreich lebte einst ein Ritter, der war geizig und gierig. Er war so geizig, dass er sich nichts geleistet hat. Gar nichts. Er hat nicht geheiratet, denn eine Frau bringt Kinder, und Frau und Kinder kosten Geld. Wollte er nicht. Und er war weiter geizig für sich allein. So eine Burg, so ein Schloss, das benötigt Dienstboten, man muss ja die Gänge irgendwie kehren, die Zimmer irgendwie wischen, in der Küche irgendwie arbeiten. Er hat auf Dienstboten verzichtet, hat selbst gekehrt, hat selbst gewischt, hat selbst gekocht. Ganz allein lebte er auf seiner ungemütlichen Burg.

Und er war gierig.

Die Bauern, die auf seinem Land lebten, die hat er ausgepresst, das Letzte hat er aus ihnen herausgenommen. Und er liebte es ganz besonders, zur Mittagszeit diese Bauern zu besuchen, wenn sie beim Essen saßen. Die waren ja schon seit vier Uhr früh auf. Wohlverdiente Ruhe, die hatten Hunger.

Dann kam er und hat sich aus ihren Schüsseln geschöpft und hat gesagt: „Aha, ihr sitzt hier herum und schlemmt? Ich arbeite. Wo ist der Wein?"

„Wir schlemmen nicht", sagten die Bauern, „Wir haben gearbeitet und jetzt essen wir."

„Ich sehe nur, ihr sitzt herum", sagte er. „Wo ist die Wurst? Gibt's keine Butter mehr?"

„Das war alle Wurst, das war alle Butter, und der Wein ist nun auch aus."

Das hatte zur Folge, dass die Bauern noch mehr Pachtzins zahlen mussten, und wer nicht zahlen konnte, der wurde in den Schuldturm gesperrt, und das Hab und Gut hat der Ritter beschlagnahmt, der Hund.

Da gab es aber einige Bauern, die machten da

nicht mit. Die sind geflohen. Und viele wollten sich auch rächen an diesem bösen Ritter. Und da sah er dann eine Notwendigkeit, doch Personal einzustellen, nämlich eine kleine Schutztruppe. Die suchte er sich zusammen unter den brutalsten, den rohesten Kerlen. Und die haben ihn immer begleitet, immer waren sie um ihn herum.

Die Bauern, die nicht in den Schuldturm wollten, die haben sich im Wald versteckt. Und da gab es einen jungen Bauern, der hieß Alois Wagner, genannt Wagnerloisl. Der hatte von seinen Eltern den Bauernhof geerbt, ein kleines Stück. Er konnte den Pachtzins nicht bezahlen, und er hat sich davongemacht. Und um den Wagnerloisl haben sich die anderen Bauern im Wald geschart. Ja, sie haben's gemacht wie der Robin Hood, sie haben die Reichen überfallen und haben den Armen gegeben. Und die Bauern in der Umgebung haben den Wagnerloisl beschützt. Wann immer er ein Versteck nötig hatte, öffneten sie ihm die Türen. Wenn er Hunger hatte, gaben sie ihm zu essen, Wurst, Butter, Brot, Rahm, und eine Flasche Wein fand sich auch immer für ihn.

Und eines Tages in der Ortschaft Tal klopfte es nachts an das Fenster eines Bauernhauses. Die Bäuerin war allein zu Hause, eine junge Frau. Sie öffnete das Fenster und sah draußen den Wagnerloisl.

„Komm herein", sagte sie.

„Ich hab Hunger", sagte er.

Sie stellte ihm Essen auf den Tisch.

„Kann ich mich heute Nacht bei dir verstecken?"

„Natürlich kannst du", sagte sie.

Und er fragte: „Wo ist dein Mann?"

Da begann die Frau zu weinen. „Er ist unterwegs", sagte sie, „bei den Nachbarn. Er will Geld sammeln. Morgen müssen wir beim Ritter den Pachtzins abgeben. Aber wir haben kein Geld. Und wenn wir nicht bezahlen können, müssen wir in den Schuldturm."

„Wie viel verlangt er denn, der Hund?", fragte der Wagnerloisl.

Sie nannte die Summe, eine hohe Summe. Da griff der Loisl in seine Jacke und legte das Geld auf den Tisch.

„Hier", sagte er, „gib es in ein Tuch, schnür es zusammen und bring es dem Ritter. Und wenn dich der Ritter fragt, hör genau zu. Er wird dir nicht glauben, dass es dein Geld ist. Er wird dich fragen, woher du es hast. Und dann sag die Wahrheit. Sag: Der Wagnerloisl war da, er hat es mir geschenkt. Dann wird der Ritter dich fragen: Wo ist der Wagnerloisl? Sag es! Dann sagst du drauf: Ich weiß es nicht. Aber, hör weiter zu, ich habe nämlich einen Plan", sagte der Wagnerloisl. „Bevor du die Burg verlässt, geh draußen zu einem seiner Wachleute. Den zieh beiseite und sag ihm: He, ich weiß, wo der Wagnerloisl sich versteckt."

„Das werde ich niemals sagen!", schwor die Bäuerin.

„Doch, sag es!"

„Ich bin aber keine Verräterin!"

„Ich bitte dich darum", sagte der Wagnerloisl. „Ich habe einen Plan. Und dann sag diesem Soldaten: Der Wagnerloisl und die Seinen verstecken sich im Brandstätter Horst. Tu das! Versprich es mir!"

Und die Bäuerin hat es getan.

Sie hat das Gold alles in ein Tuch gelegt, das Tuch zugeschnürt und ist zur Burg gegangen, vor den Geizkragen hingestellt hat sie sich und hat gesagt:

„Hier ist der Pachtzins!"

„Und das ist dein Geld?"

Sie: „Nein."

„Aha! Woher hast du das Geld?"

Sie: „Der Wagnerloisl war da und hat es mir gegeben."

Oh, da ist alle Farbe aus dem Gesicht des Geizkragens gewichen, und dann ist alle Farbe wieder ins Gesicht hinein, und das Gesicht wurde rot und blau.

„Wo ist er?"

„Ich weiß es nicht", sagte sie, „ich weiß es nicht, ich weiß es nicht, ich weiß es nicht!"

Na gut, da hat der Hund die Frau entlassen.

Draußen im Hof standen die Wachleute, die bewaffneten, die brutalen, die rohen, die herzlosen. Und sie ging zu dem, der am brutalsten aussah. Und sie sagte zu ihm:

„Ich möchte mit dir reden."

Hat er gesagt: „Ich mit dir aber nicht, Weib, scher dich fort!"

Sie sagte: „Ja gut, geh ich eben zu dem anderen. Ich weiß nämlich etwas, was dich in der Gunst des Ritters sehr heben könnte."

„Was denn?", fragte er.

„Ich weiß, wo der Wagnerloisl ist."

Oh, da hat er sie gleich in eine Nische gezogen.

„Sag es mir!"

„Ja, er ist im Brandstätter Horst."

Da ging der Wachmann zu seinem Herrn, dem Ritter, dem Hund, und sagte:

„Gibst du mir mehr Lohn, wenn ich dir sage, wo der Wagnerloisl ist?"

Oh, da hat er mit sich ringen müssen, der Geiz-kragen. Mehr Lohn, mehr Lohn, das ist ja mehr Geld! Aber gut, er hat es versprochen, weil den Wagnerloisl, den wollte er unbedingt.

„Im Brandstätter Horst ist er."

Und er hat alle seine Soldaten zusammenge-trommelt, der Hund, so, und jetzt hinaus in den Wald.

In der Mitte des Waldes war eine kleine Lich-tung, dort sollte der Wagnerloisl sein, aber dort war niemand. Aha, der ist gewarnt worden. Ziehen sie wieder zurück zur Burg, und in dem Geizkragenkopf kommt das Misstrauen auf: Woher wusste eigentlich dieser Wachmann, wo der Wagnerloisl sein soll? Kann das sein, dass der mit ihm unter einer Decke steckt? Kann das sein, dass meine ganze Wachmannschaft mit dem Wagnerloisl unter einer Decke steckt?

Misstrauisch war er.

Ich kann ihnen nicht mehr vertrauen, ich kann ihnen nicht mehr vertrauen, dachte er.

Dann kam er nach Hause, dachte er sich: Aha. Wo ist denn der Beutel mit dem Gold, den mir die Frau gebracht hat? Hab ich den auf den Tisch gelegt? Na, ich hab ihn wahrscheinlich eingesteckt."

Aber da war er nicht.

Ah, dachte er, den hab ich verloren, als ich draußen im Wald war, auf dieser Lichtung.

Unter solchen Umständen hätte er eigentlich seine Burg ohne seine Wachmannschaft nicht verlassen. Aber nun war er voll Misstrauen.

Ich geh da allein hinaus, in der Nacht geh ich hinaus, dachte er, da kann ich alles absuchen, ganz allein. Dann find ich diesen Beutel mit dem Gold wieder. Und keiner schaut mir dabei zu, keiner von denen, die mit dem Wagnerloisl unter einer Decke stecken.

Und dann überlegte er sich: Aber was soll ich mit dem anderen Gold denn machen, das ich hier auf der Burg versteckt habe? Was mach ich denn damit? Das ist ja nicht mehr bewacht von meinen eigenen Augen, da sind ja die Soldaten, da, die werden es suchen und finden und werden es mir stehlen.

Und da hat er alles Gold in Tücher gewickelt und hat sich diese Tücher um den Leib gewickelt, dass er richtig feist und dick ausgesehen hat. So schwer war er, dass er kaum auf das Pferd steigen konnte. Und so ritt er in der Nacht hinaus in den Brandstätter Wald, zu dieser Lichtung, um dort nach dem kleinen Beutel Gold zu suchen, den ihm die Bäuerin gebracht hatte.

Er konnte sich kaum bücken, so schwer hing das Gold an ihm. Und er suchte, der Mond schien auf die Lichtung, aber er fand nichts.

Und da hörte er hinter sich ein Klimpern.

Er drehte sich um und wer stand da? Der Wagnerloisl.

„He, Geizkragen!", sagte er. „Suchst du das hier?"

Und er zeigte ihm den Beutel mit dem Gold.

„Ja, das suche ich! Das gehört mir!", sagte der Ritter, der Hund, der Geizkragen.

„Oh, ich war so frei", sagte der Wagnerloisl, „und während du mit deinen Gesellen im Wald warst und mich gesucht hast, bin ich in dein Schloss spaziert. Und was hab ich gefunden? Diesen Beutel mit Gold."

„Gib ihn mir!", befahl der Ritter.

„Ich geb ihn dir nicht!", lachte der Wagnerloisl. „Aber wie siehst denn du aus? Feist, dick, fett."

Und dann steckte er zwei Finger in den Mund und pfiff. Da traten aus dem dunklen Wald heraus all die Bauern, die vertrieben worden waren von ihren Höfen. Und sie hielten den Geizkragen, den Ritter, fest, den Hund. Und sie öffneten ihm das Wams, und da fiel das Gold heraus.

„Na, da schau an!", sagte der Wagnerloisl.

Und es wurde zusammengesammelt, das Gold.

Und das war dann das Ende des Ritters.

Nein, nein, nein, nein, nein, nein – der Wagnerloisl und die Seinen haben ihm nichts getan. Sie
haben ihm nur einen Tritt gegeben und noch einen, und weil es so schön war, noch einen dritten.

Der Hund ging davon, es gab keinen Menschen
auf der Welt, dem er vertrauen konnte. Niemand
liebte ihn, er hat all sein Gold verloren, die Bauern
hassten ihn, die Sonne scherte sich einen Dreck
um ihn, die Vögel schwiegen, wenn er daher kam.

Und da hat er das Land verlassen.

Der Wagnerloisl aber hat das Geld unter den
Bauern aufgeteilt. Und der Wagnerloisl war der
Held.

Erzählt man in Oberösterreich – so oder so
ähnlich … wenn es wahr ist … und auch wenn es
nicht wahr ist …

Wie der König Kesselflicker wurde

Es war einmal ein König, der lebte in einem Zelt
und hatte ein Herz wie ein Pfirsich. Der Kern innen drin bestand aus Liebe und Güte, und er war
unzerstörbar hart. Das Fleisch außen herum aber
bestand aus Zorn, aus Eigensinn, aus Sturheit, aus

Rechthaberei, aus Geiz und Gier, aus Grausamkeit und aus Herrschsucht, so dass jeder, wenn er ihn nur von weitem sah, ausrief: „Was für ein blödes Arschloch!"

Der König hatte eine Frau, die Königin, und die Königin hatte ihm sechs Kinder geboren. Nur Mädchen. Und der König wünschte sich so sehr einen Sohn.

Und dann wurde die Königin wieder schwanger, und da sagte der König zu ihr:

„Pass jetzt sehr genau auf, du! Ich möchte, dass du das Zelt verlässt. Dass du das Land verlässt. Geh, geh, geh, weit, weit fort. Und dort bring dein Kind zur Welt. Wenn es wieder ein Mädchen ist, dann bleib dort mit dem Mädchen, ziehe es groß und kehre nie mehr zurück in mein Zelt. Wenn es aber ein Sohn ist, dann zieh ihn ebenfalls groß, und wenn er ein junger Mann geworden ist, dann schick ihn zu mir. Den Prinz will ich nämlich haben."

Und er gab der Königin Gold mit auf den Weg, damit sie ihr Kind großziehen kann und damit sie auch selber ein bisschen leben kann.

„Mehr soll von einem Vater von sechs Töchtern nicht verlangt werden dürfen", sagte er.

Und er gab ihr darüber hinaus noch etwas mit, nämlich einen kostbaren Ring. Diesen Ring soll der Sohn an den Finger stecken, wenn er erwachsen ist, und er soll zum König heimkehren in sein Zelt, damit ihn der König an dem Ring erkenne.

Nun machte sich die arme Königin auf die Wanderschaft, und bereits hinter dem nächsten Baum wusste niemand, dass sie eine Königin war. Es war eine mühsame Wanderschaft ohne Freundlichkeit und Ruhe. Und am Ende, als ihr Bauch schon so groß war, dass sie meinte zu platzen, kam sie nach Burgenland. Und kurz vor der Niederkunft erreichte sie ein Dorf, und hier wurde sie freundlich aufgenommen bei Bauern.

Die Bäuerin half ihr bei der Geburt. Alle kümmerten sich um sie. Und es war ein Knabe, den sie zur Welt brachte. Und sie sagte: „Hier in diesem Dorf bin ich so gut behandelt worden, hier will ich bleiben. Darf ich bleiben?"

„Du darfst bleiben."

Von dem Gold, das der König ihr mitgegeben

hatte, hat sie sich eine Kesselflickerei aufgebaut. Sie hat sich ein Haus gekauft und hat Leute angestellt, Lehrlinge, Gesellen, Meister. Und sie hat einen Kesselflickerbetrieb gegründet, und der ging gut. Das Geld raschelte und klimperte.

Ihr Sohn wuchs heran, er wurde ein kluger junger Mann, ein schöner, ein starker junger Mann. Und seine Mutter hat ihn als Kesselflicker ausgebildet.

Und dann war er in dem Alter, da sagte die Mutter zu ihm: „Ich muss jetzt mit dir reden, Zipflo. Ich muss dir jetzt sagen, wer du bist."

Und Zipflo sagte: „Ich weiß doch, wer ich bin. Ich bin ein Kesselflicker, ich werde eines Tages ein Meister im Kesselflicken sein. Und ich werde diesen Betrieb übernehmen."

„Ja", sagte seine Mutter, „das ist gut, das bist du, und ich bin stolz darauf. Aber du bist noch etwas anderes. Du bist ein Prinz. Du bist der Sohn eines Königs."

Da lachte der Zipflo und sagte: „Mutter, das sagst du, weil du mich lieb hast."

„Nein", widersprach sie, „das ist wahr."

„Das glaube ich nicht", sagte er. „Wie soll ich das glauben können?"

Da sagte die Mutter zu ihm: „Zipflo, hör jetzt ganz genau zu, du! Hab ich dich jemals in deinem Leben angelogen?"

Und da sagte er: „Nein, das hast du nie."

„Dann glaub mir auch diesmal."

Da glaubte ihr Zipflo.

Die Mutter zeigte ihm den Ring des Königs, und sie sagte:

„Geh nach Osten, geh, bis du in ein Königreich kommst. Und dann zeigst du den Zollbeamten diesen Ring. Und dann führen sie dich zum König in sein Zelt. Aber sei auf der Hut. Der König ist kein guter Mann. Manche halten ihn für ein blödes Arschloch. Er ist zornig und eigensinnig, stur und rechthaberisch, geizig und gierig, grausam und herrschsüchtig, aber er hat tief drinnen in seiner Brust einen harten guten Kern. Und nun steig auf dein Pferd und zieh hinaus in die Welt, und wenn du unterwegs jemanden triffst, der an der Kesselflickerei interessiert ist, dann sag ihm, wo unsere Werkstatt ist. Jetzt, wo du weg bist, brauche ich einen neuen Gesellen."

Zipflo ritt auf dem Pferd dahin, und wenn er auf jemanden traf, der an einem Kessel interessiert war, dann sagte er ihm, wo er die Werkstatt der Mutter finden kann. Aber viele traf er nicht, die einen Kessel brauchten.

Einmal sah er, dass Ameisen über den Weg liefen. Und sofort hielt er sein Pferd an und befahl ihm, ruhig zu stehen. Denn er wollte nicht, dass die Hufe des Pferdes auf die Ameisen treten. Die Ameisen zogen über den Weg, Tausende von Ameisen. Und Zipflo wartete geduldig, bis die letzte Ameise daherkam. Das war die Ameisenkönigin.

Und die Ameisenkönigin sagte zu Zipflo: "Danke! Das tut sonst niemand. Danke, dass du uns vorbeiziehen hast lassen, dass du deinem Pferd befohlen hast, ruhig zu sein, damit seine Hufe uns nicht zertreten. Das tut sonst niemand. Dafür werde ich dir irgendwann einen Gefallen tun."

Und Zipflo sagte: "Was für einen Gefallen kannst du mir tun? Du bist eine kleine Ameise. Ich kann mir nicht vorstellen, dass du in der

Kesselflickerei meiner Mutter als Geselle anfangen willst."

„Nein, das will ich nicht", sagte die Ameisenkönigin und riss sich einen Flügel aus und gab Zipflo den Flügel und sagte: „Wenn du mich je brauchen kannst, dann wärme diesen Flügel am Feuer, und dann werde ich kommen."

Gut, dachte sich Zipflo, schaden kann's nicht und verwahrte den Flügel.

Und dann zog er weiter.

Und kam zu einem Felsen. Dort sah er Burschen, die kletterten hinauf. Auf dem Felsen war nämlich ein Adlerhorst. Die Burschen nahmen die jungen Adler aus dem Nest. Und sie kletterten wieder herunter.

Da sagte Zipflo zu ihnen: „Wollt ihr mir diese beiden jungen Adler verkaufen?"

„Ja", sagten sie.

Sie gaben ihm die Adler, er gab ihnen Geld, und dann ließ er die jungen Adler frei.

Die Adlermutter kam geflogen, setzte sich auf Zipflos Kopf und sagte: „Danke, dass du mir geholfen hast. Das tut nicht jeder. Ich werde dir auch einen Gefallen tun, irgendwann."

„Was für einen Gefallen kannst du mir tun? Du bist ein stattlicher Vogel", sagte Zipflo. „Ich kann mir nicht vorstellen, dass du in der Kessel-flickerei meiner Mutter als Geselle anfangen willst."

„Nein, das will ich nicht", sagte die Adlermutter und riss sich eine Feder aus dem Flügel und gab sie ihm und sagte: „Wenn du mich brauchst, mach die Feder warm, dann komme ich."

Und so zog Zipflo weiter, und er kam an einen Fluss und sah einen Fischer. Der hatte gerade ei-nen großen Fisch aus dem Wasser gezogen.

Da sagte Zipflo: „Ich möchte dir diesen Fisch abkaufen."

Er bezahlte, nahm den Fisch und warf ihn zu-rück ins Wasser.

Da schwamm der Fisch davon, kehrte aber wieder um, hob seinen Kopf aus dem Wasser und sagte: „Danke, dass du mir geholfen hast. Das tut nicht jeder. Ich werde dir auch einmal einen Ge-fallen tun."

„Was für einen Gefallen kannst du mir tun?",

sagte Zipflo, „Du bist ein eleganter Fisch. Ich kann mir nicht recht vorstellen, dass du in der Kesselflickerei meiner Mutter als Geselle anfangen willst."

Und da gab ihm der Fisch eine Schuppe von seinem Rücken und sagte: „Nein, ein Kesselflickergeselle will ich nicht werden. Aber wenn du mich brauchst, mach diese Schuppe am Feuer warm. Dann komme ich."

Und Zipflo nahm die Schuppe, legte sie in seine Tasche zur Feder und zum Flügel und ritt weiter, und endlich kam er in das Königreich und zeigte den Zollbeamten den Ring, und sie führten ihn zum König ins Zelt.

Der König war ein alter Mann geworden, sein Zorn, sein Eigensinn, seine Sturheit, seine Rechthaberei und seine Herrschsucht waren geschrumpft und auch seine Gier und sein Geiz und seine Grausamkeit. Und der Pfirsichkern seiner Güte war weicher und größer geworden.

Er umarmte Zipflo und sagte: „Nun bist du da, mein Sohn. Du bist der Prinz."

Der Prinz war nun Zipflo. Und es war ihm bald langweilig. Was tut ein Prinz? Er wartet, bis er König wird. Als Prinz gibt es nichts zu tun und nichts zu lernen.

Und irgendwann sagte er: „Vater, Herr König, hast du nicht einen Kessel, den ich flicken könnte?"

„Einen Kessel willst du flicken? Zipflo, du bist der Prinz!", rief der Vater aus. „Kessel flicken tun die Kesselflicker, nicht der Prinz."

Ein paar Tage später sagte Zipflo: „Vater, Herr König, könnte ich nicht draußen im Garten etwas jäten? Oder etwas pflanzen oder etwas ernten?"

„Jäten und pflanzen und ernten willst du? Zipflo, du bist der Prinz, das machen die Gärtner."

Dann eines Abends sagte Zipflo: „Vater, Herr König, ich hätte Lust, uns etwas zu kochen. Etwas wirklich Gutes. Ich kann gut kochen."

„Kochen?", sagte der König, „Zipflo, du bist der Prinz, die Köche kochen für uns."

Aber der König sah, dass sich Zipflo langweilte, und er wusste, die Langeweile kann sich zu einer gefährlichen Krankheit aufblähen. Deshalb sagte er zu ihm: „Hör jetzt gut zu, Zipflo, du. Es gibt einen Nachbarkönig. Und dieser Nachbarkönig hat eine wunderschöne Tochter. Hättest du kein Interesse zu heiraten?"

„Doch, das hätte ich schon", sagte Zipflo.

Zipflo setzte sich aufs Pferd und ritt hinüber und ging zum Nachbarkönig in dessen Zelt und sagte: „Ich bin Prinz Zipflo, der Sohn des Herrn Königs aus der Nachbarschaft. Ich möchte deine Tochter heiraten."

„Ja, dazu ist sie da", sagte der König.

„Darf ich sie sehen?"

„Nein. Erst musst du schwören, dass du sie heiraten wirst."

„Gut", sagte Zipflo. „Man hat mir gesagt, sie sei sehr schön und sehr klug. Ich glaube, was mir die Leute sagen, und ich schwöre. Darf ich sie jetzt sehen?"

„Nein, leider wieder nicht", sagte der König. „Erst, wenn du die Prüfung bestanden hast."

Der König rief seine Diener. Da kamen zehn Diener herein. Jeder trug einen großen Korb. Und jeder dieser Körbe war voll mit Weizenkörnern. Dann kamen noch zehn Diener, jeder hatte einen großen Korb, die waren voll mit

Haferkörnern. Und dann wieder zehn Diener, die brachten Hirsekörner, und wieder zehn Diener, die brachten Roggenkörner. Und sie haben die Körner alle ausgeschüttet und haben sie durcheinander gemischt, sicher eine Stunde lang.

„So, Prinz Zipflo", sagte der König, „du hast eine Nacht Zeit, diese Körbe wieder zu füllen. Hafer zu Hafer, Weizen zu Weizen, Hirse zu Hirse, Roggen zu Roggen. Morgen komm ich mit meinen Experten."

„Und wenn nur ein einziges Korn falsch liegt, dann bekomm ich deine Tochter nicht?", fragte Zipflo. „Hab ich recht?"

„Ja", sagte der König. „Außerdem werde ich dir den Kopf abschlagen lassen."

„Aber warum dieser Unsinn?", rief Zipflo aus.

„Weil mir langweilig ist", sagte der König.

„Du könntest ein Handwerk erlernen", sagte Zipflo. „Ich bin zum Beispiel Kesselflicker. Als ich noch Kessel geflickt habe, war mir nie langweilig."

„Ich bin eben König", seufzte der König.

„Ich kann einen Kessel nicht flicken. Aber ich

kann Befehl geben, den Freiern meiner Tochter den Kopf abzuhacken."

Da saß nun Zipflo und wusste nicht, was er tun sollte. So viele Körner! „Hundert Jahre werde ich benötigen, um sie zu ordnen!", jammerte er in seiner Not.

Und da fiel ihm die Ameisenkönigin ein. Er nahm ihren Flügel heraus und wärmte ihn am Feuer, und da kroch die Ameisenkönigin aus einer Ritze des Zimmers.

Er erklärte ihr das Problem, und sie sagte: „Für uns ist das kein Problem." Sie rief ihre hunderttausend Untertanen und ehe eine Stunde vergangen war, waren alle Körner sortiert.

Am nächsten Tag kam der König mit den Experten. Sie mussten zugeben, alles war so, wie es der König aufgetragen hatte.

Da staunte der König.

Zipflo sagte: „Darf ich jetzt die Braut sehen?"

„Ja, du darfst jetzt die Braut sehen." Der König griff in seine Tasche, holte zwei Ringe hervor und sagte: „Hier sind die Brautringe. Steck den Ring meiner Tochter an den Finger, den anderen steckst du an deinen Finger. Dann seid ihr Mann und Frau."

„Und wo ist die Braut?", fragte Zipflo.

„Ja, das ist jetzt erneut ein Problem", sagte der König. „Sie ist auf einer einsamen Insel in einem Turm eingesperrt."

„Warum machst du so einen Blödsinn?", fragte Zipflo wieder.

„Weil mir langweilig ist", antwortete der König.

„Dann gib mir ein Schiff, dann hol ich sie", sagte Zipflo.

„Das geht nicht, das Meer ist so wütend, so stürmisch, kein Schiff kann zu der Insel fahren. Und auch wenn du zu der Insel fahren könntest, es würde dir nicht gelingen, meine Tochter zu befreien. Denn dieser Turm hat weder ein Fenster, noch hat er eine Tür. Nur nach oben zum Himmel hin ist er offen, aber er ist sehr hoch."

„Warum nur dieser Blödsinn!", rief Zipflo aus.

„Das habe ich mir alles ausgedacht, weil mir langweilig war", sagte der König.

„Dann will ich deine Tochter nicht haben", sagte Zipflo. „Dann kehre ich eben zu meiner

Mutter zurück und arbeite weiter als Kesselflicker."

„Dann muss ich aber Befehl geben, dir den Kopf abzuhacken. Denn du hast geschworen, sie zu heiraten."

Da fiel Zipflo die Adlermutter ein. Er nahm die Adlerfeder heraus, wärmte sie am Feuer.

Die Adlermutter kam durch das Fenster geflogen, Zipflo setzte sich auf ihren Rücken, und sie flog mit ihm über das stürmische Meer zu der Insel. Sie flog mit ihm in den Turm hinein, und sie landete direkt vor der Prinzessin.

Wie die Leute gesagt hatten: Die Prinzessin war schön und klug. Und Zipflo und die Prinzessin verliebten sich ineinander, und sie umarmten sich und setzten sich beide auf den Rücken der Adlermutter, und die Adlermutter trug sie zurück zum König.

„Jetzt sind wir Mann und Frau", sagte Zipflo.

„Ja, ja", sagte der König, „ja, ja, dann zeigt mir bitte eure Ringe."

Zipflo zeigte seinen Ring. Aber der Ring der Prinzessin war nicht da. Er war ihr vom Finger gerutscht, als sie über das Meer geflogen waren. Der

König hatte absichtlich einen viel zu großen Ring für sie anfertigen lassen.

Da fiel Zipflo der Fisch ein. Er nahm die Schuppe heraus, wärmte sie am Feuer, der Fisch kam, und Zipflo sagte: „Hol mir den Ring aus dem Meer!"

Der Fisch tauchte und brachte den Ring zurück, und da hatte der König in seinem Reich nichts mehr zu sagen.

Zipflo nahm den König gefangen und kehrte zu seiner Mutter zurück.

„Hier", sagte er und küsste die Prinzessin, „hier ist meine Braut. Und hier", und er zeigte auf den gefangenen König, „hier ist ein ewiger Geselle für dich. Gib ihm viel Arbeit, damit ihm nicht langweilig ist."

„Und bist du nun ein Prinz?", fragte die Mutter.

„Ein König", sagte Zipflo. „Ich bin der König der Kesselflicker."

Roma erzählen dieses Märchen – im Burgenland und anderswo …

Das Nachtvolk

Meinrad Metzler. Geboren im Jahr 1724 in Satteins. Er hat folgende unglaubliche Geschichte erzählt – und seine Geschichte ist weitererzählt worden, und sie ist aufgeschrieben worden, und ist weitererzählt worden, und ist wieder aufgeschrieben worden, ist wieder weitererzählt worden …

Meinrad Metzler war ein Jäger. Am liebsten hat er allein gejagt. Nichts Essbares, das er nicht schon nach Hause gebracht hätte. Und eines Tages ist er mit seiner Flinte auf der Schulter in den Nenzinger Himmel marschiert. Das ist ein hoch gelegenes Tal, ein schönes Tal, ein liebliches Tal, nicht weit von Bludenz. Aber man muss zuerst durch steile Klüfte gehen, die gar nicht lieblich sind, gar nicht schön. Wenn die reden könnten, würden sie sagen: „Komm nur, du! Komm weiter! Denkst wohl ich bin hässlich? Denkst wohl ich kann dir schaden? Fürchtest dich vor mir? Aber du kannst mir glauben, es wird noch viel schlimmer. Geh ruhig, wirst schon sehen!" Darum kehren so viele um und haben nie den schönen Himmel gesehen, den Nenzinger Himmel, diese Mutlosen, die sich von verlogenen Klüften etwas vormachen lassen. Der Meinrad Metzler war keiner von denen.

Er wollte im Nenzinger Himmel übernachten und am nächsten Morgen früh aufbrechen und auf die Jagd gehen, er hatte so eine Lust auf eine frische Hirschleber, hatte im Rucksack Zwiebeln dabei und Pfeffer und Salz. Damals gab es kein Haus, keine Hütte im Himmel. Er legte sich unter einen Baum, aber er schlief nicht ein. Er konnte einfach nicht einschlafen, obwohl ihm die Beine müde waren vom langen Aufstieg. Er war ja schon oft im Nenzinger Himmel gewesen und immer hatte er geschlafen wie in Lammfell eingewickelt. Aber in dieser Nacht nicht.

Er erzählte später zu Hause, es sei zu still gewesen, um einzuschlafen.

Die Leute fragten ihn: „Was heißt denn zu still, Meinrad? Im Nenzinger Himmel ist es still. Dort ist es immer still. Was soll dort laut sein, wo doch nichts ist?"

„Nein, nein", sagte der Meinrad. „Ich war doch schon oft im Himmel. Ich weiß schon, dass es dort still ist, das weiß ich schon, das braucht mir niemand zu sagen. Aber ganz still ist es nie und nirgends. Da kriecht ein Käfer, da biegt ein Windhauch ein paar Gräser um, da knackt ein alter Baum, da ruft weit weg ein Käuzchen. Ich habe gute Ohren. Es war ganz still. Es gibt eine Stille, die dröhnt. Weil du alles hörst, was in dir vorgeht, was in deinen Därmen vorgeht, in deinen Adern, du hörst, wie dir die Fingernägel wachsen, wie dir die Spucke durch den Hals rinnt und in den

Magen tropft, du hörst, wie die Luft bei jedem Schnauf durch die Lungen braust, als würde ein Orkan in deiner Brust toben. Und so war es. Genau so. Und darum konnte ich nicht einschlafen."

„Und das war die ganze Nacht so?", fragten die Leute den Meinrad. „Warum hast du eigentlich eine Kappe auf dem Kopf, jetzt im Sommer?"

„Das werd ich euch schon noch erklären", antwortete der Meinrad. „Aber lasst mich erst weitererzählen. Plötzlich hat sich die Stille nämlich verwandelt, das Dröhnen in mir ist nach außen gedrungen, und das war wie ein ungeheures Donnergrollen. Ein Lärm, kann ich euch sagen, ich war starr, und es war, als ob die Erde bebt, auf und nieder hat es mich geworfen, als wär die Erde der Rücken eines verrückten Stiers und ich wär darauf gebunden."

So erzählte der Meinrad Metzler.

Und er hat gesehen, dass vom Berg herunter eine Lawine auf ihn zurollt. Aber es war im Sommer. Wie soll im Sommer eine Lawine vom Berg kommen, wo doch im Sommer kein Schnee liegt? Und dann sah er: Es war ja gar keine Lawine.

Er konnte Gesichter sehen in dieser Lawine und Arme und Beine und herausgestreckte Zungen und nackte Ärsche. Und da wusste der Meinrad Metzler, es ist das Nachtvolk.

Das war eh schon lang fällig, dachte er. Und er dachte: Wenn ich das nur überlebe. Und dachte aber auch, denn er war ein Mutiger: Wenn ich es überlebe, dann habe ich etwas zu erzählen, dann wird man mir zuhören, dann wird sich einer finden, der aufschreibt, was ich zu erzählen habe.

Nun, der Meinrad Metzler, der kannte viele Geschichten vom Nachtvolk. Und er hat sich gefürchtet, aber in die Hose gemacht hat er sich nicht. Es hieß, man muss dem Nachtvolk aus dem Weg gehen, dann tut es einem nichts. Man darf nicht anstreifen.

Es gab da eine Geschichte, die wurde erzählt: In Satteins, wo der Meinrad Metzler herkam, da sei ein Bauer gewesen. Und auf den Hof des Bauern hätte sich das Nachtvolk zubewegt, wie eine Lawine, genau so, eine Lawine aus Gesichtern und Armen und Beinen, aus herausgestreckten Zungen und nackten Ärschen. Die Nachbarn hätten gerufen: „Geh auf die Seite, mach die Tore auf, du sturer Hund, lass das Nachtvolk durch deinen Hof hindurch! Schau, dass du nicht anstreifst!" Aber der Bauer, dieser sture Hund, habe sich dem Nachtvolk in den Weg gestellt.

„Es ist mein Hof", habe er gerufen, „und auf meinem Hof bestimme immer noch ich, wem ich die Tore öffne und wem nicht." Ja, siehst du, das Nachtvolk ist über ihn drüber gefahren. Und er ist am Boden gelegen und hat eine Axt im Rücken stecken gehabt. Nicht einmal der Arzt konnte ihm diese Axt aus dem Rücken herausoperieren. Ein Jahr lang ist dieser Bauer aus Satteins mit einer Axt im Rücken herumgelaufen. Die war einfach da. Hat nicht weh getan, war halt lästig. Zieh dir einmal ein Hemd an, wenn du eine Axt im Rücken hast, das ist nicht so leicht, oder dreh dich in der Nacht im Bett um oder probier, dich gemütlich auf die Ofenbank zu setzen, wenn du eine Axt im Rücken hast. Das kann einem schon auf die Nerven gehen. Genau nach einem Jahr sei aber das Nachtvolk wieder gekommen, und der Bauer wollte sich ihm wieder in den Weg stellen, und da löste sich einer aus dem Nachtvolk, hielt den Bauer fest, starrte ihn aus leeren Augenlöchern an und sagte: „Hab ich doch letztes Jahr meine Axt hier vergessen", und zog ihm das Stück aus dem Rücken, ohne dass ein Tropfen Blut geflossen wäre.

Diese Geschichte kannte der Meinrad Metzler. Er wollte es nicht so machen wie dieser Bauer. Man muss ja nicht eine Axt im Rücken stecken haben, wenn man es verhindern kann. Und so geistesgegenwärtig war er. Er rollte sich blitzschnell zur Seite und gab den Baum frei, unter dem er gelegen war. Und er kauerte nun hinter einem Felsbrocken und beobachtete, was weiter geschah. Er war ein Mutiger, und Mutige sind meistens neugierig.

Das Nachtvolk tanzte um den Baum herum. Das wäre ja weiter nicht so interessant. Aber dann: Plötzlich wuchsen Dinge aus dem Baum heraus, aus seinen Blättern, aus den Ästen, aus den Zweigen, nämlich: Trompeten, Klarinetten, Pfeifen, Flöten, Trommeln. Und der Stamm des Baumes wurde zu einer großen Pauke. Was war das? Was war da los? Es war wie eine unheimliche Hochzeit.

Der Meinrad musste sich zwingen, dass er nicht aufspringt und mittanzt, so ist ihm die Musik in die Knochen gefahren.

Man hatte den Meinrad Metzler später gefragt: „Erzähl uns doch, wie sieht es aus, das Nachtvolk? Wie sieht es aus? Aber genau, bitte!"

Und er sagte: „Ja, weiße Gesichter, leere Augen."

„Und die Hände?"

„Wie schmutziges Glas. Dünn. Lang."

„Und die Arme?"

„Blass wie Schwemmholz. Dürr."

„Und die Beine?"

„Wie geflochtene Seile. Die Knie wie Kürbisse. Die Füße wie ein Büschel Gelbrüben."

„Haare auch?"

„Ja und nein."

„Und warum hast du dauernd eine Kappe auf dem Kopf?"

„Langsam, langsam", sagte der Meinrad. „Eines nach dem anderen."

Diese Nacht war nämlich noch nicht zu Ende. Plötzlich hörte er ein tausendfaches Miauen vom Tal herauf. Er klammerte sich an seinen Fels, dachte nur: „Hoffentlich bemerkt mich niemand und riecht mich niemand." Er hatte sich ja seit ein paar Tagen schon nicht mehr gewaschen, wieso auch, wo er doch allein lebte und den eigenen Furz gern roch. „Hoffentlich", dachte er, „hoffentlich stinkt das Nachtvolk mehr als ich, so dass ich nicht auffalle."

Da sah er, wie ein ganzes Bataillon von Katzen den Berg herauf kam, und die stanken, das kann man gar nicht beschreiben. Wenigstens eine Sorge bin ich los, dachte er. Und an den Schwänzen waren Schnüre, und an den Schnüren hingen kleine Weinfässer. Und dann hörte er von der Seite her, als ob Kühe kämen. Und tatsächlich, da kam ein struppiger Hirte, und der zog Kühe hinter sich her. Und die Kühe und der Struppige stanken so sehr, dass die Katzen dagegen wie aus der Parfümfabrik zu kommen schienen. Das Nachtvolk riss den Katzen die Weinfässer von den Schwänzen und fiel über die Kühe her, diese Geister zwangen die Kühe nieder, metzelten ihnen die Beine ab, dass die armen Viecher jämmerlich brüllten, höhlten die Hufe aus und gossen den Wein hinein und soffen, man kann es nicht anders nennen.

„Und dann?", fragten die Leute den Meinrad.
„Wird's noch schlimmer?"

„Es wird schlimmer", sagte der Meinrad.

„Warum hast du eigentlich eine Kappe auf dem
Kopf?", fragten die Leute. „Es ist doch mitten
im Sommer. Keine Spur von einer Kälte. Was
versteckst du? Jetzt wollen wir es wissen. Sag es
uns, oder wir reißen dir den Kopf ab und schauen
selber nach."

„Langsam, langsam", sagt der Meinrad und
erzählt weiter. „Auf einmal war alles vorbei. Alles
löste sich auf. Die Katzen verpufften, die Kühe
verblassten, die Trompeten, Klarinetten, Pfeifen,
Flöten, Trommeln schrumpften wieder zu Zweigen, Blättern und Ästen zusammen, und das
Nachtvolk knäuelte sich zusammen und flutschte
nach oben, als würde es der Berg einsaugen. Und
es war wieder still. Es war wieder unheimlich still."

Und als er so saß und Kraft schöpfen wollte
nach allem, was er gesehen und gerochen und gehört hatte, hatte er das Gefühl, als ob jemand hinter ihm wäre und ihn anstarrte. Und er drehte sich

langsam um und sah: Einer aus dem Nachtvolk war geblieben, und der starrte ihm ins Gesicht.

„Was willst du von mir?", fragte er den Geist.

„Will ein Stück Knöchlein haben."

„Gibt's nicht", sagte der Meinrad. „Geb kein Stück Knöchlein her."

„Will aber eins haben. Kann mir eins holen."

Der Geist hob die Hand und brach sich einen Finger ab, das war, wie wenn man eine Flasche abschlägt, der Rand war scharf wie ein Rasiermesser.

„Kann mir ein Knöchlein holen", sagte der Geist noch einmal.

Da rechnete der Meinrad schnell durch, welcher Knochen am Leib der unwichtigste sei, und kam nach dreimal Nachrechnen zum Schluss: ein Stück aus dem Kopf. Muss ja nicht der ganze Schädel sein. Nimmt er ein Stück vom Fuß, muss ich immerzu hinken. Nimmt er ein Stück von der Hand, kann ich die Flinte nicht mehr halten. Nimmt er ein Stück aus dem Kopf, dann regnet es vielleicht hinein oder scheint zu viel Sonne hinein. Aber man kann ja eine Kappe aufsetzen. Die kann man schmücken, das sieht sogar hübsch aus. – Das ist dem Meinrad alles durch den Kopf gegangen, der zu dieser Zeit außer Mund, Nase, Augen und Ohren kein weiteres Loch hatte.

„Ein Stück vom Kopf kannst haben", sagte er zu dem Geist aus dem Nachtvolk. „Aber nicht größer als ein Daumenabdruck."

„Warum nicht größer?", wollte der Geist wissen.

„Ja, kennst du den Kopf vom Menschen nicht?", rief der Meinrad aus. „Weißt du nicht, was für gefährliche Dinge im Kopf vom Menschen sind?"

„Nein, weiß ich nicht. Was tun diese Dinge?"

„Schau dir meine Nase an und meine Augen und meine Ohren. Was denkst du, warum die so kleine Löcher haben? Damit die gefährlichen Dinge nicht herauskönnen. Und fällt dir auf, dass der Mund größer ist? Was lernt man bei euch eigentlich? Hat dir niemand beigebracht, was für furchtbare Dinge manchmal aus dem Mund des Menschen herauskommen?"

Da hat der Geist Angst gekriegt und dem Meinrad nicht mehr Knochen aus dem Schädel geschnitten als ein Daumenabdruck groß ist.

„Und was hat der Geist aus dem Nachtvolk mit

deinem Knochen gemacht?", fragten die Leute.

„Er hat ein Loch hineingebohrt und einen Faden durchgezogen und sich ihn um den Hals gehängt."

„Und deine Geschichte ist wirklich so geschehen?", fragten die Leute.

„Genau so", sagte der Meinrad. „Der Beweis ist meine Kappe. Warum hätte ich sonst eine Kappe auf dem Kopf im Sommer genauso wie im Winter?"

Das sahen die Leute ein. Und seine Geschichte ist weitererzählt worden, ist aufgeschrieben worden, ist weitererzählt worden, ist aufgeschrieben worden und ist weitererzählt worden.

Und so wird immer noch in Vorarlberg erzählt, und den Leuten stellen sich die Haare dabei auf …

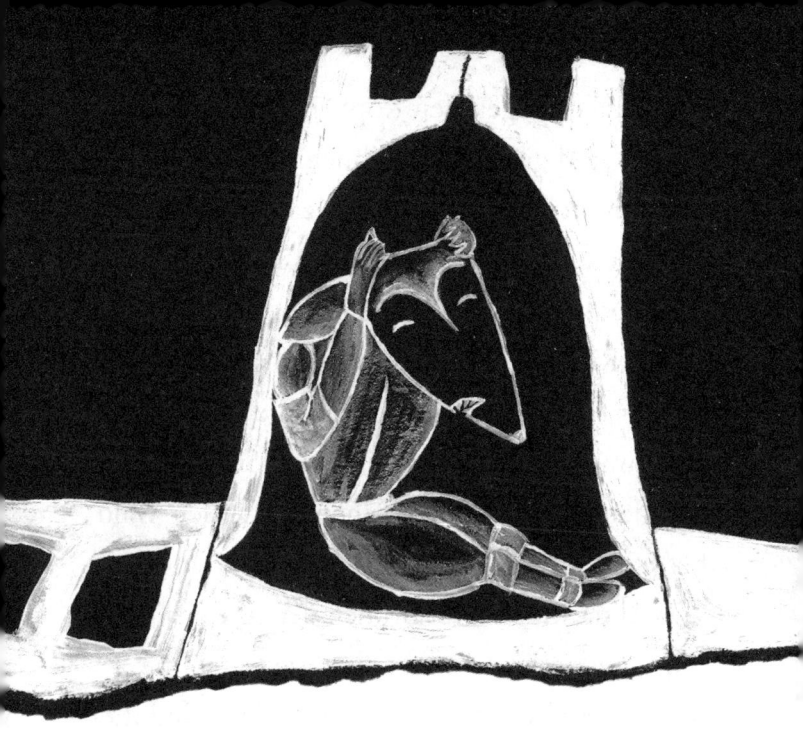

Das Käuzchen von Rauhenstein

Auf der Burg Rauhenstein lebte der Ritter Wolf.
Der war ein grausamer, unbarmherziger, böser
Mann. Er trat vor die Leute hin und sagte:

„Seht mich an! Wer bin ich? Ich bin der Rauhensteiner. Zieht den Kopf ein, hebt den Hut!
Sagt: Heil, dem Rauhensteiner, unserem Herrn!"

Die Leute zogen den Kopf ein, nahmen den Hut ab und grüßten, wie ihnen befohlen wurde. Aber untereinander nannten sie den Herrn nicht den Rauhensteiner, sondern den rauen Stein. Es heißt, er habe ein Knochenherz.

Der Ritter Wolf besaß einen großen Wald, in dem er Hirsche hielt und Rehe, die er jagte und zusammen mit den anderen rauen Steinen verzehrte. Niemand außer den Seinen durfte den Wald betreten.

Und da waren zwei Brüder, der eine erst vierzehn, der andere ein Jahr älter, sie waren die Söhne des Glockengießers von Baden. Und die gingen leidenschaftlich gern auf die Jagd. Sie liefen hinter den Rehen her, und sie vergaßen alles um sich her, und auch wenn sie bis zum Abend nichts gefangen oder erlegt hatten, erzählten sie stolz von ihrem Tag, als hätten sie die großen Dinge der Welt ein Stück zum Besseren hin gerückt. Sie vergaßen die Zeit bei der Jagd, und sie achteten nicht auf die Wege, und sie wussten oft nicht, wo sie waren.

Und eines Tages, als sie wieder auf der Jagd

waren und hinter einem kapitalen Hirsch herliefen, überschritten sie die Grenze und betraten den Wald des rauen Steines. Und sie wussten es nicht. Sie liefen zwischen den Bäumen, sie erlegten kein Wild, sie nahmen nichts mit, was ihnen nicht gehörte, sie traten nichts Frischgesätes nieder, sie aßen nicht von fremden Früchten, sie liefen nur zwischen den Bäumen.

Plötzlich standen zwei Männer vor ihnen, jeder eine Armbrust in den Armen, und die Bolzen zielten auf die Köpfe der Buben. Es waren die Verwalter vom Ritter Wolf. Und die freuten sich. Sie waren angestellt worden, um Eindringlinge zu fassen. Aber weil jeder in der Gegend wusste, wie grausam der raue Stein war, hat nie einer den Wald betreten, und die Verwalter hatten nie etwas zu tun und hatten Sorge, ihr Herr könnte meinen, er brauche sie nicht, aber jetzt war bewiesen, dass er sie brauchte.

Die beiden Buben wurden vor den Ritter geschleppt.

„Gut, dass es uns gibt", sagten die Verwalter. „Ohne uns wär bald kein Wild mehr im Wald."

Der Ritter sah sich die beiden Buben an. Nein, das glaubte er nicht, dass diese beiden, halb noch Kinder, seinen Wald leer schießen mit ihren Bögen und Pfeilen, mit denen sie eine Taube vielleicht erlegen könnten, niemals aber ein Reh und sicher nicht einen Hirsch. Aber der Wolf, der hatte einen Zorn in sich, stellt euch vor, das Herz des Menschen sei eine Truhe, die von der Natur mit Eigenschaften aufgefüllt worden ist, dann wären drei Viertel der Truhe vom Ritter Wolf mit Zorn und Wut ausgelegt, und Zorn und Wut würden nur darauf warten, endlich loszulegen, da wäre jeder kleine Grund Grund genug.

„Ihr habt meinen Wald betreten", donnerte er los, „ihr habt mein Wild getötet, ihr habt mein Frischgesätes zertrampelt, ihr habt meine Früchte gestohlen. Ihr habt meine Gesetze gebrochen. Ihr seid Verbrecher. Ich lass euch ins Verlies werfen, und ich werde euch aufhängen."

Der Turm der Burg – noch heute kann man ihn sehen – der wurde nur dafür gebaut, damit endlich ein Mensch darin gequält werden kann. Und nun waren es zwei.

Im Turm war es finster und kalt, nur ein Fensterchen war weit oben, durch das wurden schimmliges Brot und faule Früchte geworfen und ein Wasserschlauch. Da lagen die Buben in ihrem eigenen Kot, hatten nichts, um sich zuzudecken, hatten nichts, um den Kopf darauf zu legen.

Das sprach sich schnell herum.

Da waren die Menschen empört. Wegen so einer Kleinigkeit, was haben sie denn angerichtet, die Buben? So ein Groll war schon lange in den Menschen gegen den bösen Herrn da oben. Aber was tun? Faust machen? Genügt das? Es genügt nicht.

Der Vater der beiden Buben, der Glockengießer von Baden, ging den langen Weg zur Burg, um für das Leben seiner Söhne zu bitten.

„Ich werde dir Geld bringen, Ritter, so viel du willst", sagte er. „Ich werde arbeiten und nicht mehr schlafen, nur gib mir meine Söhne zurück."

„Geld wirst du mir bringen?", höhnte der raue Stein. „Was soll ich mit deinem Geld? Warum denkt ihr kleinen Leute immer nur ans Geld? Habt ihr nichts Höheres in eurem Kopf? Nur

Geld? Da sind deine Söhne in Gefahr, und du denkst nur ans Geld?"

„Du kannst dir mit meinem Geld Vergnügungen leisten", sagte der Vater. „Bitte, nimm es und gib mir meine Söhne!"

„Vergnügungen?", stellte sich der Ritter interessiert. „Das klingt gut. An was für Vergnügen denkst du dabei?"

„Du kannst dir schöne Kleider kaufen", redete der Vater um das Leben seiner Söhne, „ein neues schönes Gespann, eine prachtvolle Kutsche, wertvolle Waffen."

„Ach, ihr dummen kleinen Leute!", rief der Wolf aus. „Ihr denkt nur an die Dinge des Lebens! Habt ihr eigentlich Gefühle? Ich meine Gefühle, die nicht aus dem Materiellen erwachsen, sondern aus dem Ideellen. Kennt ihr solche Empfindungen überhaupt?"

„Ich weiß nicht, was Ihr meint?"

„Ich will es dir erklären", sagte der Ritter. „Ich freue mich über ein gut durchgebratenes Wild, aber mehr freue ich mich über ein schönes Lied. Kann man das Lied angreifen? Kann man es essen? Nein. Und jetzt, Glockengießer, verrate ich dir, was mir das größte Vergnügen im Leben ist. Nämlich deine beiden Buben am Galgen hängen zu sehen. Kann man dieses Vergnügen anfassen? Nein, das kann man nicht. Das meine ich mit einem ideellen Vergnügen."

„Mein Gott!", schrie der Vater auf, „du bist der Teufel! Du bist ja noch viel schlimmer als die Leute sagen." Und er fluchte auf ihn.

Da ließ der Ritter den Vater zu seinen beiden Söhnen ins Gefängnis werfen.

Große Empörung herrschte im ganzen Land, vor allem in der Stadt Baden. Die Bürger der Stadt Baden taten sich zusammen, und sie schickten eine Abordnung zum Ritter Wolf. Die sollte mit ihm um das Leben des Glockengießers verhandeln und um das Leben seiner Söhne. Die Bürger drohten dem Ritter offen. Sie würden keine Steuern mehr bezahlen, sie würden die Tore der Stadt verschließen, wenn sich der Ritter der Stadt näherte, sie würden sich mit den Bauern zusammentun.

Und siehe da, der Ritter ließ sich zu einem Kompromiss überreden.

Er sagte: „Gut, holt mir den Glockengießer."

Der Vater wurde vor ihn gebracht, und der raue Stein sagte: „Wie konnte es geschehen, dass ich so einen schlechten Ruf bei den Bürgern habe? Weißt du das? Ich bin ein Menschenfreund. Das will ich beweisen. Ich will gnädig sein. Du sollst mir eine Glocke gießen, ein Käuzchen aus Silber, die schönste weit und breit, und an dem Tag, an dem sie das erste Mal läutet, werde ich die Begnadigung aussprechen. Deine Söhne behalte ich als Geiseln, du kannst gehen."

Da fiel der Vater vor dem bösen Ritter auf die Knie, umfasste die Füße des Grausamen, der in Wahrheit nur so tat, als wäre er nicht der Grausame, und dankte ihm.

Und der Glockengießer machte sich sofort ans Werk. Es war auch keine Zeit zu verlieren, denn der Wolf hatte ihm eine enge Frist gesetzt. Woher das viele Silber nehmen? Die Bürger der Stadt Baden halfen ihm. Jeder brachte, was an Silbernem im Haushalt war: Broschen, Schmucknadeln, Löffel, Verzierungen. Am Ende kam eine wunderbare kleine Silberglocke heraus, die den hellsten, lieblichsten Klang von sich gab, nie hatten die Bürger von Baden etwas Schöneres gehört.

Der Glockengießer brachte sein Werk zum Ritter Wolf, und der ließ die Glocke in den Turm hängen.

Und sagte: „Nun also die Begnadigung."

Er ließ die beiden Söhne des Glockengießers holen, den vierzehnjährigen, den fünfzehnjährigen.

„Schau dir deine Söhne an", sagte er zum Vater. „Schau sie dir ganz genau an, denk über jeden von ihnen nach. Und dann such dir einen aus."

„Was meinst du damit?", fragte der Vater.

„Ach!", rief der Ritter aus. „Was seid ihr für begriffsstutzige Leute! Glaubst du denn, mit einer Glocke sei alles gut? Vieles ist gut, ja, und weil die Glocke gar so schön geworden ist, ist sehr vieles gut. Aber doch nicht alles! Wäre die Glocke nur schön gewesen, dann hätte ich dir das Leben geschenkt. Nur dir. Nun ist die Glocke aber besonders schön gelungen, und darum will ich in meiner Güte dir und einem deiner Söhne das Leben schenken. Den anderen aber werde ich aufhängen.

Such aus, welchen deiner Söhne ich aufhängen soll!"

Wie sehr der Vater auch flehte und weinte, der Ritter war nicht umzustimmen.

„Ich allein kenne das Maß meiner Gnade", sagte er.

„Nimm mich allein", bat der Vater. „Denk dir alle Qualen aus, ich werde sie ertragen. Aber lass mich nicht zwischen meinen Söhnen wählen!"

Aber der raue Stein ließ sich nicht erweichen. Und der Vater in seiner Not wählte den Jüngsten, und dann schlug die Glocke, und sein ältester Sohn wurde gehängt. Da brach das Herz des Vaters, er sank nieder. Bevor er starb, stieß er einen Fluch aus, zum Himmel hinauf rief er:

„Meine Glocke, die soll läuten, ohne Unterbrechung soll sie läuten. Bis der letzte, der letzte Rauhensteiner von der Erde verschwunden ist. Und wehe, jemand hemmt den Klang meiner Glocke, dann wird ein Rauhensteiner sterben."

Der böse Ritter grinste nur. Und er sah zu, wie der Alte starb.

Am nächsten Tag wachte der Böse auf und hörte

die Glocke läuten und sagte: „Wer hat die Glocke angeschlagen?"

Niemand, hieß es.

Er selbst ging hinauf zum Turm, sah, die Glocke hing ruhig. Aber der Klöppel in der Glocke, der schlug.

„Haltet ihn fest!", befahl der Böse.

Niemandem gelang es, den Klöppel zu halten.

„Stopft die Glocke aus!", befahl der Böse.

Man holte weiches Zeug und Wachs und stopfte es in die Glocke, bis ihr Klang nicht mehr zu hören war.

Der raue Stein hatte einen Sohn. Und wenn in seinem Herzen ein Winkel für die Liebe reserviert war, dann galt diese Liebe dem Buben. Als die Glocke nicht mehr zu hören war, wurde der Sohn krank und siechte dahin. Und bald lag er auf dem Totenbett, und da fiel dem Vater der Fluch ein, und er rief:

„Geht, schnell, schnell, macht, dass die Glocke wieder schlägt! Damit mein Sohn lebt!"

Aber es war zu spät. Der Sohn starb.

Und von nun an läutete die Glocke ohne Unterbrechung, Tag und Nacht. Die Bauern konnten es schon nicht mehr hören, sie verließen die Gegend. Der böse Rauhensteiner, der saß auf seiner Burg und hielt sich die Ohren zu. Aber immer hörte er die Glocke läuten. Tag und Nacht, Tag und Nacht, bis er alt war und starb. Dann war die Glocke still. Und die Bauern kehrten ins Land zurück. Und sie betraten die leere Burg, stiegen zum Turm hinauf, und da hing die Glocke. Eine kleine Silberglocke.

Die Bauern der Gegend nennen diese Glocke „Das Käuzchen von Rauhenstein". Und manchmal, an Feiertagen, schlägt jemand den Klöppel an, und nichts Verwunschenes ist mehr an dieser Glocke.

In der Nähe von Baden erzählen die Leute, was ich erzählt habe – so oder so ähnlich …

Das Märchen von Hansdoch
und seinen Tieren

Es war einmal ein junger Mann, der hieß Hans.
Der lebte in dem Tiroler Tal, das Außerfern genannt wurde, und er war ein kluger, junger Mann,
dem der Horizont in Außerfern nicht genügte,
und es gefiel ihm gar nicht, dass er so außen war
und so fern, nämlich fern der Menschen und außer der Welt.

„Du?", spotteten die, die hier und da wohnten, weit weg voneinander, damit man ja nicht viel miteinander zu tun hatte. „Du, ausgerechnet du glaubst, die Welt wartet auf dich?"

„Doch", sagte der Hans und hatte damit seinen Namen weg: Hansdoch.

Dann starben seine Eltern, und Hansdoch machte sich auf den Weg, bolzgerade dorthin, wo er die Welt vermutete. Er kraxelte über die Berge und watete durch die Flüsse in den Tälern, und eines Tages kam er in einen Wald, und er hörte schon von weitem Gebrüll und Gekrächze. Und er ging weiter in den Wald hinein, denn er war neugierig, und da sah er am Boden ein totes Reh liegen. Und neben dem Reh rechts stand ein Löwe und auf der anderen Seite hüpfte eine Krähe. Und die Krähe, die war zornig, und sie krächzte, und der Löwe war zornig, und er brüllte.

Freund ist, wer hilft, dachte Hansdoch und fragte: „Was ist der Grund? Warum streitet ihr euch? Wer weiß, vielleicht kann ich helfen?"

„Ja, wir streiten, weil wir uns nicht einig sind, wie wir die Beute teilen sollen", sagte der Löwe.

Und die Krähe krächzte zurück: „Wir wissen nicht, wie wir dieses Reh in drei Teile teilen können."

Und Hansdoch fragte: „Warum in drei Teile?"

Und als er näherkam, bemerkte er einen Käfer, auch er stritt, er stritt halt leise, weil er so klein war, er stritt mit dem Löwen und stritt mit der Krähe.

„Ich", sagte Hansdoch, „komme aus einem Land, wo jeder nur seine Sache tut. Darum bin ich gegangen."

„Und du meinst", sagten Löwe, Krähe, Käfer, „du kannst uns helfen?"

„Doch", sagte Hansdoch.

Und er sagte: „Ihr habt Glück. Es ist doch genug da für vier. Und durch vier zu teilen ist viel einfacher als durch drei. Man schneidet einmal von oben nach unten und einmal von rechts nach links."

„Das ist wahr", sagte der Löwe.

„So habe ich es noch nie betrachtet", sagte der Käfer.

„Aber warum vier?", fragte die Krähe.

„Löwe, Krähe, Käfer, ich", antwortete Hansdoch und zog sein Messer aus dem Gürtel und begann, das tote Reh zu zerteilen. „Das Fleisch gehört dem Löwen, er ist der Größte, er ist der Stärkste, er braucht am meisten, er wird uns beschützen. Das Mark in den Knochen soll die Krähe bekommen, das tut ihr gut, sie ist die Klügste. Und was übrig ist, wird ein Festessen für den Käfer sein. Und ich will das Fell."

Und die Tiere fraßen sich glücklich, und der Löwe sagte zu Hansdoch: „Du hast uns einen großen Gefallen getan. Solltest du jemals in die Lage geraten, dass du stark sein musst, dann sag einfach: ‚Hansdoch, der Löwe.' Dann wirst du so stark sein wie ich."

Und die Krähe sagte: „Angenommen, es geschieht etwas, wo es für dich gut wäre, fliegen zu können, dann sag einfach: ‚Hansdoch, die Krähe.' Und dann kannst du fliegen."

Und der Käfer sagte: „Vielleicht glaubst du's nicht, aber es kann günstig sein, ganz klein zu sein. Wenn es irgendwann soweit ist bei dir, dann sag: ‚Hansdoch, der Käfer.' Und dann bist du so klein wie ich und kommst überall durch."

Mit diesen Versprechen in seinem Herzen und dem Rehfell auf dem Kopf, zog Hansdoch weiter nach Süden. In dieser Richtung meinte er, das Meer zu riechen. Jetzt schon.

So kam er in eine Stadt. Die war friedlich. Die war ruhig. Die war zu friedlich. Die war zu ruhig. Die Häuser waren mit schwarzen Tüchern verhängt, kein Mensch war auf der Straße zu sehen. Kein Tier machte Muh oder Mau.

Aber Hansdoch traf schließlich doch jemanden, der schlich an den Hauswänden entlang und war in ein schwarzes Tuch gehüllt und hatte Angst in den Augen. Den fragte er: „Was ist hier los?"

„Ja, wir sind eine traurige Stadt", sagte der Vermummte und blickte dort hin und da hin, „eine sehr traurige Stadt sind wir."

„Warum denn?", fragte Hansdoch.

„Glaubst du", sagte der Mann, „es gibt einen Menschen von außen, der unsere Trauer verstehen kann?"

„Doch", sagte Hansdoch.

Da zog ihn der Mann in eine Toreinfahrt und

flüsterte: „Unser König, musst du wissen, hat eine liebreizende Tochter. Und die ist ihm geraubt worden. Und nun sitzt der König in seiner Burg, und er hat Trauer befohlen. Niemand darf das Haus verlassen. Niemand darf in den Himmel schauen. Niemand darf lachen. Aber wer ihm seine Tochter zurückbringt, der soll die Stadt erben."

„Wie soll das gehen!", rief Hansdoch aus. „Wer die Prinzessin finden will, der muss doch in die Welt hinaus, der muss doch in den Himmel schauen nach den Vögeln, die ihm vielleicht verraten, wo die Verbrecher sind. Der muss doch lachen dürfen, um die Verbrecher zu täuschen, wenn er mit ihnen zusammensitzt und sie aushorchen will."

Und Hansdoch dachte bei sich: Aber ich. Ich kann. Kann ich? Doch. Hansdoch klingt wie Kannsdoch.

Und er machte sich auf und kam zu einer Burg, die stand auf der Spitze eines Berges, und der Berg war wie eine Stricknadel, die in den Boden gesteckt worden war, so glatt und steil und dünn. Und kein Weg führte hinauf. Wär ich ein Räuber,

dachte Hansdoch, ich würde mir genau so einen
Berg aussuchen, um darauf meine Burg zu bauen.

Er legte die Hand an den glatten Fels, da war
seine Hand voll Öl. Ja, ja, dachte Hansdoch, wäre
ich ein Räuber und hätte die Prinzessin geraubt
und würde auf der Spitze eines solchen Berges
wohnen, ich würde Öl auf den Fels gießen, damit
niemand jemals die Burg erobern kann.

„Hansdoch, die Krähe!", rief er.

Und – schau dir das an! – er hob die Arme und
flog. Und er flog hinauf auf die Spitze des Berges
und landete im Innenhof der Burg.

Niemand war da. Er rief. Rief: „Räuber, komm
raus!" Aber er bekam keine Antwort.

Da hörte er hinter sich ein Fauchen. Vor einer
großen Tür saß ein Drache, der bewachte die Tür,
die geschmückt war wie eine Hochzeitstür, und
der Drache riss das Maul auf, so weit riss er es auf,
dass Hansdoch in den Hals und weiter in den Magen hinunterschauen konnte, und im Magen sah
er Hut und Stock und einen Stiefel, und das konnte doch nur heißen, dass dort unten Menschen
verdaut wurden. Wahrscheinlich solche wie ich,

dachte Hansdoch, die nach der Prinzessin gesucht hatten, weil sie die Stadt erben wollten.

„Hansdoch, der Käfer!", rief er.

Und – schau dir das an! – er war so klein, dass der Drache ihn nicht zerbeißen konnte. Flink kroch er ihm zwischen den Zähnen aus dem Maul.

Dann aber dachte Hansdoch: Wer weiß, wen und was der Drache alles schon verschluckt hat. Freund ist, wer hilft, und Hansdoch ist Kannsdoch. Und er ließ sich vom Drachen verschlucken und landete im Magen und krabbelte an den Magenwänden herum. Es roch unangenehm hier, und es war dunkel. Und Hansdoch war bald auch kein Käfer mehr, sondern wieder der Mensch.

Wenn der Drache das Maul aufriss, fiel ein wenig Licht in den Magen herunter. Und da sah Hansdoch einen Wurm mitten drin in dem Unrat liegen.

„Oh", flehte der Wurm, „wenn es dir gelingt, mich hier rauszuholen aus dieser Hölle, dann verspreche ich dir, ich werde dir zeigen, wo unter der Erde das Gold liegt! Glaubst du, es wird dir gelingen?"

„Doch", sagte Hansdoch.

Er nahm den Wurm und steckte ihn in die Tasche.

Und dann war da noch eine Ameise, und die sagte: „Wenn es dir gelingt, mich hier herauszuholen, dann werde ich dein Wächter sein, der dich vor jeder Gefahr schützt. Glaubst du, es wird dir gelingen?"

„Doch", sagte Hansdoch und steckte die Ameise in die andere Tasche.

Und dann war da noch ein Fisch, und der sagte: „Wenn es dir gelingt, mich zu retten, so wirst du, wann immer du sagst: ‚Hansdoch, der Fisch', schwimmen können wie ich. Wird es dir gelingen?"

„Doch", sagte Hansdoch und steckte den Fisch unter sein Hemd.

Dann zog Hansdoch sein Messer und stieß es von innen in den Drachen und schlitzte den Drachen von innen auf, was bewirkte, dass der Drache nicht überlebte.

Nun betrat Hansdoch die Kammer, die der Drache bewacht hatte, und prompt war dort die Prinzessin. Er hob sie hoch, und sie gefiel ihm außerordentlich. Und er gefiel ihr ebenfalls außerordentlich. Und er brachte die Prinzessin in die Stadt zurück und sagte zum König:

„Nun ist es nicht mehr nötig, dass du die Häuser mit schwarzen Tüchern verhängst. Hier ist deine Tochter. Ich will nun die Stadt haben."

Aber der König war kein guter Mann. Er sagte: „Schau dich doch an! Glaubst du, dass ich so einem Dahergelaufenen, der ein Rehfell auf dem Kopf trägt, so einem armen Hans aus dem Außerfern, glaubst du wirklich, dass ich so einem meine einzige Tochter gebe? Nein! Wer sie kriegt, muss reich sein, auf dass er doppelt reich werde, wenn ich ihm meine Stadt schenke. Du glaubst doch selber nicht, dass du derjenige bist!"

„Doch", sagte Hansdoch.

Er griff in seine Tasche und holte den Wurm hervor, und der zeigte ihm, wo unter der Erde das Gold liegt, und bald kam Hansdoch mit einer großen Truhe voll zurück.

„Nun bin ich reich", sagte er. „Nun möchte ich deine Tochter haben."

„Na gut", sagte der König und ließ das Gold abtransportieren und tat scheinheilig, „du darfst hier in meinem Schloss wohnen." Aber heimlich gab er den Häschern Befehl, Hansdoch in der Nacht zu überfallen und zu töten.

Da lag nun der arme Hans aus dem Außerfern im königlichen Bett und schlief. Aber in seinem Ohr wachte die Ameise, die er aus dem Bauch des Drachen gerettet hatte, und die Ameise hörte und sah alles, und sie weckte Hansdoch, als die Häscher zur Tür hereinkamen.

„Hansdoch, der Löwe!", rief er.

Und – schau dir das an! – da war er so stark wie ein Löwe, und er vermöbelte die Häscher nach Strich und Faden und holte die Prinzessin aus ihrem Gemach und floh mit ihr, bis er beim Meer anlangte.

Aber der König gab nicht auf. Er schickte seine Armee los. Und nun standen Hansdoch und seine Liebste vor dem Meer und konnten nicht weiter.

Da griff sich Hansdoch unter's Hemd und nahm den Fisch heraus und warf ihn in weitem Bogen ins Wasser und rief: „Hansdoch, der Fisch!"

Die Prinzessin setzte sich auf seinen Rücken,

und Hansdoch schwamm über das Meer, hinaus in die weite Welt, wohin er vom Außerfern aufgebrochen war.

Dieses Märchen erzählen sich die Männer im Außerfern, die hier einer wohnen und da einer wohnen, weit weg voneinander, damit man ja nicht viel miteinander zu tun hat, und die eben nicht aufgebrochen sind in die Welt hinaus, die erzählen sich diese Geschichte – so oder so ähnlich …

Eisen und Gold

Es waren einmal zwei Brüder, die waren wirklich
gleich. Sie dachten gleich, sie fühlten gleich, sie
sprachen mit gleicher Stimme. Sie schliefen jeden
Abend zur gleichen Zeit ein und erwachten am
Morgen in derselben Minute und drehten einander
die Gesichter zu. Sie hatten dieselben Lieblings-
speisen. Und nie war Streit zwischen ihnen gewe-

sen. Denn sie dachten im Kopf mit den gleichen Gedanken.

Die Mutter kam vom Markt zurück und sagte: „Richard", zum einen, „Philipp", zum anderen, „ich hab euch etwas mitgebracht. Einen Apfel und eine Birne. Wer will den Apfel, wer will die Birne?" Ein bisschen, dachte die Mutter, ein bisschen müssen sie doch verschieden sein.

Der eine sagte: „Die Birne mag ich nicht so gern, mag lieber den Apfel."

„Na gut", sagte die Mutter, „Philipp, du bekommst den Apfel, Richard, nimm du die Birne."

Der andere sagte: „Aber ich möchte auch den Apfel."

Und dann lachten die beiden, und die Mutter fragte: „Warum lacht ihr?"

„Weil du zum Richard Philipp und zum Philipp Richard gesagt hast." Und sie teilten sich den Apfel und teilten sich die Birne.

Da seufzte die Mutter: „Nicht einmal ich, die ich euch in meinem Bauch neun Monate lang über die Felder und durch die Wälder, über die Straßen und durch die Gassen getragen habe, nicht einmal ich kann euch auseinander halten!"

Die Mutter kaufte jede Hose doppelt und jedes Hemd, nicht ein paar Schuhe ließ sie beim Schuster anfertigen, sondern zwei. Ach, dachte sie, zuletzt ist es doch einfacher, man hat einen in zwei als zwei Verschiedene.

Die Leidenschaft der Buben war die Jagd. Tagelang streiften sie durch die Wälder und stiegen auf die Berge und auf der anderen Seite in die Täler hinunter. Wenn sie ein Reh sahen, blickten sie einander an, und der Philipp wusste, was der Richard dachte, und der Richard wusste, was der Philipp dachte. Da kann ein Wild so schnell laufen wie der Wind, wenn in zwei Köpfen ein Gedanke ist, geht es in die Falle.

Und eines Tages, als sie wieder auf der Jagd waren, saßen sie am Fuß eines Berges, und sie aßen, was ihnen ihre Mutter mitgegeben hatte, das gleiche Stück Wurst, das gleiche Stück Brot, den Apfel teilten sie sich und den zweiten Apfel auch. Und als sie so saßen und miteinander aßen, stand plötzlich ein Winzig vor ihnen.

Was ist das, ein Winzig? – Das ist ein kleiner Mann, nicht größer als die Spanne zwischen kleinem Finger und Daumen, wenn du die Hand breit machst.

Der stand vor ihnen, und er trug eine Jacke und eine Hose, und die Jacke war vorne aus Wolle, und die Hose war vorne aus Wolle, aber hinten war die Hose aus Leder, und hinten war die Jacke aus Leder. Und dieser Winzig stand da, breitbeinig, klein, vor den beiden Brüdern stand er, kluge Augen hatte er, und eine kräftige Stimme hatte er, und er sagte:

„Ihr seid also die beiden Brüder, die wirklich gleich sind."

„Ja", sagte Philipp.

„Ja", sagte Richard, „wir beide sind wirklich gleich."

„Wirklich gleich", sagte Philipp.

„Das ist gut", sagte der Winzig. „Euch habe ich gesucht. Darf ich euch ein bisschen ausfragen?"

„Ja, das darfst du", sagte Richard.

„Ja, das darfst du", sagte Philipp.

„Erste Frage: Was ist besser, Gold oder Eisen?"

„Gold", antwortete Richard.

„Gold", antwortete Philipp.

„Warum ist Gold besser?", fragte der Winzig.

„Na ja", sagten die beiden, „weil Gold viel wertvoller ist als Eisen."

„Gut", sagte der Winzig, „weil es wertvoller ist. Diese Antwort merke ich mir. Nun die zweite Frage: Was ist besser, jetzt oder immer?"

„Immer ist besser", sagte Philipp.

„Immer ist besser", sagte Richard.

„Warum ist immer besser?", fragte der Winzig.

„Jetzt dauert eine Stunde", sagten die beiden, „oder einen Tag, aber immer dauert immer. Deshalb ist immer besser."

„Gut", sagte der Winzig, „diese Antwort merke ich mir. Nun meine dritte Frage: Was ist besser, jetzt Gold, oder immer Eisen?"

Da überlegten die beiden. Sie rechneten im Kopf nach, sie blickten einander an, und Philipp wusste, wie Richard rechnete, und Richard wusste, wie Philipp rechnete. Und schließlich sagten sie:

„Jetzt Gold ist besser als immer Eisen."

„Warum", fragte der Winzig, „ist jetzt Gold besser als immer Eisen?"

„Na ja", sagten die beiden, „wenn jetzt angenommen ein Tag ist, dann denken wir uns: Wenn wir einen Tag lang Gold haben, soviel wir wollen, soviel wir an einem Tag wegtragen können, dann sind wir bis an unser Lebensende reicher, als wenn wir bis zum Lebensende Eisen wegtragen würden."

„Das ist richtig", sagte der Winzig.

Und dann drehte sich der Winzig um und rief zu dem Berg hinauf, dass es widerhallte: „Schöne, liebe, junge Frau, komm!" Und rief noch einmal: „Schöne, junge, liebe Frau, komm!"

Und weil er zweimal gerufen hatte, kamen zwei schöne, junge, liebe Frauen vom Berg herunter. Und sie warfen Blicke auf Philipp und warfen Blicke auf Richard. Und Richard und Philipp warfen Blicke zurück. Und Richard und Philipp verliebten sich jeder in eine der beiden. Die Frauen sahen wirklich gleich aus, so wie Philipp und Richard wirklich gleich aussahen, deshalb spielte es eigentlich gar keine große Rolle, wer sich in wen verliebte, denn sie sahen nicht nur gleich aus, sie waren auch gleich.

Der Winzig war zufrieden. Er nickte und sagte: „Das gefällt mir, das gefällt mir wirklich. Könnt ihr euch vorstellen zu heiraten?"

„Ja", sagten die beiden Brüder, „das können wir uns vorstellen."

„Ja", sagten die beiden schönen, lieben, jungen Frauen, „das können wir uns vorstellen."

„Und könnt ihr euch vorstellen, Kinder zu haben?"

„Ja", sagten die beiden Brüder und sagten die beiden Frauen, „das können wir uns vorstellen."

„Und könnt ihr euch vorstellen, Enkel zu haben?"

„Ja, das können wir uns vorstellen."

„Und könnt ihr euch vorstellen, dass eure Enkel Kinder haben und dass die Kinder der Enkel Kinder haben und dass die Kinder der Kinder der Enkel Kinder haben? Und so weiter, bis immer?"

„Ja, das können wir uns vorstellen."

„Heißt das dann nicht", fragte der Winzig, „dass euer Leben immer dauert?"

„So gesehen", sagten die beiden Brüder, „ja, so gesehen, kann das durchaus sein."

Und die beiden Frauen sagten das Gleiche.

„Und so gesehen", fuhr der Winzig fort,
„kann es doch auch durchaus sein, dass die
Frage nach dem Wert von Gold und Eisen anders
beantwortet werden muss?"

„Durchaus", war die Antwort der Brüder und
die Antwort der Schwestern.

„Was ist so gesehen besser, Gold jetzt oder
immer Eisen?"

Da legten Philipp und Richard, die beiden
gleichen Brüder, ihre Arme um die beiden gleichen Schwestern, und die gleichen Frauen legten
ihre Arme um die gleichen Männer.

„Ja, so gesehen", sagten sie, „ist Eisen tatsächlich
besser als Gold."

„Dann nehmt Pickel und Schaufel in die
Hand", sagte der Winzig zu den Männern,
„und fangt an zu graben."

Und das taten die beiden Brüder.

Und als sie die Erde abgegraben hatten,
kam der Stein heraus, und dieser Stein war rot.
Und sie sahen, dass der ganze Berg aus Eisen
war. Und sie nannten den Berg „Erzberg".

Und dieses Wort bedeutet so viel wie „Jetzt Gold".

So wird bis heute (und heute mit traurigem Herzen)
in der Steiermark erzählt – so oder so ähnlich …

Das weiße Hemd

In der Nähe von St. Veit steht die Ruine Taggenbrunn. Dort lebten vor vielen Jahren Ritter Heinrich und seine junge Frau. Und dann kam diese Mode in Europa auf, dass alle ins Morgenland ziehen wollten – die Kreuzzüge eben. Und jeder Ritter, der etwas auf sich hielt, der musste mit. So auch Heinrich.

Er verabschiedete sich von seiner Frau mit Küssen und Umarmungen, und sie sagte: „Heinrich, lieber, du wirst vielleicht sehr lange dort bleiben, und ich habe gehört, die Frauen im Morgenland sind besonders schön. So schön, dass sich die Männer nicht mit einer Frau begnügen, sie wollen mehrere haben, und sie haben mehrere. Vielleicht ist das ansteckend, und du willst auch mehrere Frauen haben und nicht mehr mich als einzige."

Heinrich sagte: „Nein, Frau, meine Liebe, das werde ich nicht wollen. Ich verspreche dir, ich werde dich nicht betrügen."

Und sie antwortete: „Wenn du mir das versprichst, dann glaub ich dir."

„Aber, Frau, meine Liebe", fiel ihm nun ein, „ich werde wahrscheinlich wirklich lange weg bleiben. Du bist allein und bist eine schöne, junge Frau. Vielleicht kommt ein Mann, und du wirst mich mit ihm betrügen!"

Und sie sagte, wie er gesagt hatte: „Ich verspreche dir, dass ich dich nicht betrügen werde."

Aber da bohrte es bereits in ihm. „Schon, schon, Frau, meine Liebe, nur gibt es dafür auch einen Beweis?"

Und sie: „Du hast es versprochen, ich hab es

geglaubt. Ich habe es versprochen, glaub du mir doch auch." Aber sie sah, dass die Eifersucht in ihm zu kratzen begann. Darum bat sie: „Gib mir einen Tag Zeit. Dann kriegst du den Beweis."

Nach einem Tag brachte sie ihm ein weißes Hemd, weiß wie das Blütenblatt einer Lilie. „Ich habe dieses Hemd genäht und bei jedem Stich habe ich zu den Näherinnen im Himmel gebetet. Zieh es an und zieh es nicht mehr aus! Es wird rein bleiben, bis zu dem Tag, an dem du zurückkommst. Und dass es rein bleibt, das soll dir der Beweis sein, dass ich dich nicht betrüge."

So zog Heinrich in den Orient und schlug sich mit den Morgenländern. Er wurde verletzt und wurde gefangen genommen. Aber auch im Getümmel der Schlacht, mitten im Blutgemetzel, war sein Hemd rein geblieben. Nun wurde er der Sklave des Sultans. Und der Sultan spannte ihn ins Joch, er musste wie ein Ochs den Pflug ziehen und wie der letzte Knecht den Stall ausmisten. Und er fiel in den Dreck, stand auf und fiel wieder in den Dreck. Aber sein Hemd blieb rein.

Und das wurde dem Sultan bekannt gegeben.

Der Sultan rief Heinrich, den Sklaven, sagte: „Ich habe gehört, du hast ein Hemd, das bleibt immer weiß? Was ist die Geschichte?"

Und Heinrich sagte: „Die Geschichte ist die: Meine Frau hat dieses Hemd genäht. Und sie hat mir versprochen, mir treu zu bleiben. Und solange dieses Hemd weiß ist, weiß ich, dass sie mir treu ist."

Ach, der Sultan hatte ein Faible für romantische Geschichten. Aber er hatte auch ein Faible, romantische Geschichten zu testen. Er rief einen jungen Türken zu sich, schön, gebildet, herzenswarm. Und befahl ihm: „Mach dich auf den Weg nach Kärnten! Das ist ein Land oben im Norden. Dort gibt es ein Schloss, Taggenbrunn wird es genannt, dort lebt eine Frau. Verführe sie!"

Das hat der junge Türke nicht gern getan, er hatte ein gutes Herz und sollte das gute Herz dieser Frau brechen. Aber der Sultan wollte Romantik testen, und er hatte einen finsteren Blick, und sein Scharfrichter hatte ein scharfes Schwert.

So wanderte der junge Türke los und kam nach Taggenbrunn, sah die schöne Frau und verliebte sich in sie. Was nicht der Plan war. Und sie, ja, sie verliebte sich auch. Aber sie hielt ihr Versprechen. Und da konnte der junge Türke nicht anders, er schüttete sein Herz aus und gestand ihr alles. Das machte, dass sie sich noch ein bisschen mehr in ihn verliebte. Aber weil sie ja sah, dass sich der junge Türke gerade wegen ihrer Treue und Tugend in sie verliebt hatte, konnte sie ihm ihre Liebe erst recht nicht zeigen, und das machte, dass sich der junge Türke ebenfalls noch mehr in sie verliebte. Und so weiter, bis sie beide zitterten vor Leidenschaft und Begehren. Und hätte er nur eine Stunde noch in diese Augen geschaut, und hätte sie nur eine Stunde noch in diese Augen geschaut …

„Ich muss wieder gehen", sagte er.

„Ja, du musst gehen", sagte sie.

Keine größere Sehnsucht war in ihr, als an der Seite dieses jungen Türken zu sein. Und ihr Gewissen hämmerte auf ihr Herz, als wär das Herz ein Amboss und das Gewissen der Hammer. Und in der Nacht diskutierte sie mit ihrem Gewissen. Sie sagte: Oh, wie glücklich bin ich, weil ich nun weiß, dass mein Mann lebt! Oh, wie unglücklich bin ich, weil ich nun weiß, dass er gefangen ist! Ist es nicht meine Pflicht, alles zu unternehmen, damit mein Mann frei wird? Ja, es ist meine Pflicht.

Bis zum Morgengrauen diskutierte sie. Da war das Gewissen müde und stimmte ihr zu, dass sie ins Morgenland reisen sollte, um ihrem Mann beizustehen.

Sie verkleidete sich als Bettelmönch. Nahm die Laute mit und fuhr mit der Kutsche dem jungen Türken nach und überholte ihn und stieg aus und wartete an einer Wegkreuzung auf ihn. Und sagte: „Ach, wohin des Weges?"

Und er sagte: „Ich ziehe ins Morgenland."

„Ach, dorthin will ich auch. Stört es dich, wenn ich dich begleite?"

„Nein", sagte er, „ist lustiger zu zweit." Dieser junge Bettelmönch war ihm sympathisch, wirklich sehr sympathisch.

So waren sie beieinander Tag und Nacht, gingen nebeneinander, schliefen nebeneinander. Und trafen miteinander im Morgenland ein. Und dort stellte sich die Frau, also der Bettelmönch, auf den Platz vor den Palast des Sultans, spielte die Laute und sang dazu. Und sie hatte eine wunderbare Stimme. Und die Leute versammelten sich, um diese Stimme zu hören. Und man meldete dem Sultan, dem Romantiker, da gibt es einen jungen Bettelmönch aus dem Abendland, der singt so schön, dass die Vögel zu ihm in die Lehre gehen.

Der Sultan hatte ein Faible für schönen Gesang, und er ließ diesen Bettelmönch zu sich kommen und sagte: „Sing mir etwas vor!"

Und sie spielte auf der Laute und sang, und der Sultan war hingerissen, und er sagte: „Noch ein Lied, bitte! Und gleich noch eines! Und wenn du ein drittes Lied für mich singst, dann darfst du dir wünschen, was du willst. Ich werde dir jeden Wunsch erfüllen."

Sie sang ein zweites und sang ein drittes und dann noch ein viertes, ihr schönstes Lied. Der Sultan brach in Tränen aus.

Sie sagte: „Ich wünsche mir einen deiner Diener. Denn ich möchte wieder nach Hause gehen, und er soll mich begleiten. Der Weg ist gefährlich, und ich will nicht von Räubern erschlagen werden."

Der Sultan rief die ganze Dienerschaft herbei,

Aufstellung der Größe nach: „Welchen du willst! Such dir einen aus!"

Sie aber erkannte ihren Heinrich an dem weißen Hemd. „Den da will ich", sagte sie.

„Ausgerechnet den?"

„Ausgerechnet den."

Na gut, der Sultan hatte es versprochen.

Und so machte sie sich, immer noch verkleidet als Bettelmönch, auf den Weg nach Hause, nach Kärnten. Gemeinsam mit ihrem Heinrich.

Heinrich glaubte, sie sei ein junger Bettelmönch, und er erzählte diesem Bettelmönch alles, was er erlebt hatte. Er erzählte von den Frauen, wie schön die im Morgenland sind und dass manche Männer mehrere haben. Aber dass er mit keiner Frau etwas angefangen habe, denn er habe es seiner Frau versprochen. Darüber wunderte sie sich nicht, denn sie hatte ihrem Heinrich ja geglaubt.

Und dann kamen sie nach Kärnten, und da sagte sie: „Hier trennen sich unsere Wege. Ich muss in mein Kloster zurück."

Und er sagte: „Aber du hast mir das Leben gerettet, ich will dich überhäufen mit Reichtümern."

„Nein, ich bin ein Bettelmönch, ich darf keine Reichtümer anhäufen. Aber wenn du mir unbedingt etwas schenken willst, dann gib mir ein Stück von deinem weißen Hemd. Nicht größer als meine Handfläche."

Heinrich schnitt ein Stück aus dem weißen Hemd und gab es ihr. Und dann verabschiedeten sie sich. Sie aber nahm wieder eine Kutsche, überholte ihn heimlich und war im Schloss, noch ehe er es erreichte.

Das Wiedersehen! Die beiden fielen sich in die Arme, küssten und weinten. Heinrich dachte bei sich: Ist doch gut, einen Beweis am Leib zu haben, dass sie mich nicht betrogen hat. Dann dachte er sich: Aber es wäre noch besser, wenn zu diesem Beweis noch ein zweiter Beweis, ein Anwalt des ersten Beweises sozusagen, dazukäme.

Er hörte sich um.

Fragte die Leute: „Wisst ihr etwas über meine Frau?" Die Leute sagten: „Ja, die war lange weg. Sehr lange weg. Erst knapp bevor Ihr gekommen seid, ist sie gekommen!"

Da schoss die Eifersucht in ihm hoch. Und er rief seine Frau zu sich und schrie sie an: „Hör zu! Ich habe erfahren, du warst lange Zeit weg. Wo warst du? Was hast du getrieben?"

„Ich möchte auf diese Frage nicht antworten", sagte sie.

„Oh doch", fuhr er auf, „du wirst sie mir beantworten müssen! Hier! Siehst du, hier habe ich ein Stück aus meinem Hemd herausgeschnitten." Er riss sie an den Haaren. „Schau es dir an! Und warum, denkst du, habe ich das getan?" Er drückte ihren Nacken nieder. „Ich will es dir sagen. Da war ein Fleck, ein hässlicher, dunkler Fleck!"

Sie weinte, sagte, er tue ihr weh, er solle sie bitte loslassen. Da ließ er sie los. Sie lief in ihr Zimmer. Und er schlug gegen die Tür. Sie öffnete nicht. Da trat er die Tür ein.

Aber da saß nicht sie, sondern der junge Bettelmönch saß da, die Laute im Arm.

„Ahhh", schrie Heinrich, „doppelt betrogen also! Mit dir hat sie es also getrieben?"

Er riss dem Mönch die Laute aus der Hand und wollte ihn damit erschlagen. Der Mönch zog die

Kapuze vom Kopf, und Heinrich sah, es war seine Frau. Er sah, dass sie es gewesen war, die ihm das Leben gerettet hatte.

„Ich habe dir versprochen, immer bei dir zu bleiben", sagte sie und wies ihm das weiße Stück Stoff vor, das er aus seinem Hemd geschnitten hatte als Lohn für seine Befreiung. „Ich habe dir versprochen, dich nie zu betrügen. Das werde ich halten. Aber ich werde bis ans Ende meines Lebens kein Wort mehr mit dir sprechen."

Und so war es. Und so blieb es.

Diese Geschichte habe ich irgendwann in Kärnten gehört – so oder so ähnlich …

Das Glas Wasser

Der Teufel – schon wieder der, zum letzten Mal
der, der Hund der dreckige, der verdammte
Saubeutel, der affenärschige Rotkopf, der! – hat
eines Tages – was Wunder bei dem! – einen un-

heimlichen Durst gekriegt, dort unten in seiner heißen Hölle. Aber Wasser gibt's dort unten keines. Darum ist er hinauf auf die Erde. Er kann ja sehr höflich sein, wenn er will. Und er wollte ja diesmal nichts anderes, als ein Glas Wasser trinken. Er wollte nicht seiner Arbeit nachgehen und eine Seele holen. Nur trinken wollte er.

Er schellte an einer Haustür und verbeugte sich, als ihm geöffnet wurde: „Verzeihen Sie", sagte er, „dürfte ich vielleicht ein Glas Wasser haben?"

Es war zur Mittagszeit, der Tisch war gedeckt, die Mutter wartete auf ihre Kinder, die gleich aus der Schule kommen würden, und man gibt doch gern ein Glas Wasser, jedem gibt man das. Und schon wollte die Mutter sagen: Kommen Sie doch herein, wollen Sie nicht mit uns essen? – da packte sie auf einmal ein komisches Gefühl am Hals und in der Brust.

„Nein, Wasser gibt's nicht", sagte sie und machte die Tür vor der Nase des Teufels zu.

Und der Teufel ging zum nächsten Haus.

Und dort war das Gleiche. Wieder kein Wasser.

Warum ist das so, dachte er. Warum geben die mir kein Wasser.

Er beobachtete einen Bettler, der ging wie er von Haus zu Haus. Und der bekam. Meistens jedenfalls.

Er bekam Münzen und bekam ein Glas Wasser. Wasser bekam er immer.

Warum ist das so, dachte der Teufel.

Dann kam er dahinter: Die Menschen erkennen mich!

Auch wenn sie es nicht merken, ganz tief im Herzen erkennen sie mich.

Und warum? Weil sie alle in ihrem Leben schon einmal etwas Böses getan haben.

Und was ist das Böse? Das Böse ist ein Tropfen meines Blutes. Und dieser Tropfen erkennt mich. Und dem Teufel wollen sie nichts geben.

Das war die Erkenntnis des Teufels. Aber Durst hatte er immer noch.

Da sah er, wie die Kinder von der Schule nach Hause kamen. Und er sah, dass manche Kinder noch keinen Tropfen seines Blutes in sich hatten.

Er sprach die Jüngste an: „Willst du mir einen Gefallen tun?", fragte er.

„Ich darf Fremden keinen Gefallen tun", antwortete sie.

„Ich bin kein Fremder", sagte der Teufel.

„Aber ich kenne dich nicht."

„Deine Mutter kennt mich, und dein Vater kennt mich, dein Onkel auch und auch deine Tante. Der Pfarrer kennt mich, und der Lehrer kennt mich, sogar der Bürgermeister und der Bundespräsident kennen mich."

„Und wenn Sie mich anlügen?", fragte das Mädchen.

„Ich will ehrlich zu dir sein", sagte der Teufel. „Was würde ein Lügner nie sagen?"

Da dachte das Mädchen nach, sie war eine Gescheite. „Ein Lügner", sagte sie schließlich, „würde nie sagen, er ist ein Lügner."

„Das ist richtig. Du bist klug. Und was würde ein böser Mensch nie sagen?"

„Dass er ein böser Mensch ist."

„Dann hör mir zu", sagte der Teufel. „Ich bin der Teufel. Siehst du nun wie ehrlich ich bin?

Ich strafe die Sünden. Bin ich deshalb selber böse? Das ist meine Aufgabe. Und wenn einer nur eine einzige Sünde begangen hat, dann bestrafe ich ihn."

„Ich habe noch keine Sünde begangen", sagte das Mädchen.

„Das weiß ich", sagte der Teufel. „Aber du wirst eine begehen. Denn alle Menschen sind Sünder. Und wenn sie einmal gesündigt haben, dann sündigen sie gleich ein zweites Mal. Weil es nämlich dann eh schon wurscht ist. Genau das aber gilt es zu verhindern. Das erste Mal ist am gefährlichsten, glaub mir. Wenn du mir ein Glas Wasser gibst, schenke ich dir eine Freisünde. Die erste Sünde, die du begehst, werde ich nicht bestrafen."

Da dachte das Mädchen nach und brachte dem Teufel ein Glas Wasser.

Der Teufel zog seinen Löffel, den langen, aus seinem Gewand und löffelte das Wasser aus.

Das Mädchen wurde zu einer jungen Frau, und eines Tages sah sie in der Garderobe in einem Kaffeehaus einen Mantel hängen, und sie sah, dass in dem Mantel eine Brieftasche steckte, und weil sie gerade einen finanziellen Engpass hatte, griff sie hinein und zog die Scheine heraus.

Das war die Freisünde, dachte sie.

Aber der Teufel ist ein Lügner. Wer, wenn nicht er.

Diese Geschichte hat mir eine Frau erzählt, in Salzburg, mitten auf der Straße hat sie mich angehalten und mir den Zeigefinger auf die Brust gedrückt und gesagt: „Du, hör zu! Lad mich ein auf ein Glas. Durst habe ich. Einen großen. Aber nicht so einen großen wie der Teufel."

Fotograf: Udo Leitner
© Deuticke im Paul Zsolnay Verlag

DER AUTOR

Michael Köhlmeier, geboren 1949 in Hard
in Vorarlberg, studierte Germanistik und
Politologie sowie Mathematik und Philosophie
in Gießen und in Frankfurt am Main.

1982 debütierte er mit dem Roman „Der Peverl
Toni und seine abenteuerliche Reise durch meinen
Kopf", 2010 erschien sein erstes Kinderbuch
„Rosie und der Urgroßvater", für das er den
österreichischen Kinderbuchpreis erhielt.

DIE ILLUSTRATORIN

Monika Maslowska wurde 1977 in Warschau
geboren. Seit 1986 lebt sie in Österreich.

Sie hat Deutsch und Englisch studiert, ist
Lektorin in einem Schulbuchverlag und arbeitet
als freischaffende Illustratorin und Grafikerin
in Innsbruck, wo sie mit ihrer Familie lebt.

DIE HARDCOVERAUSGABE

von „Das Sonntagskind":

Michael Köhlmeier

Das Sonntagskind

18 Märchen und Sagen
aus Österreich | Jugendausgabe